HELMUT SEIFFERT

Einführung in die Wissenschaftstheorie

Vierter Band

Wörterbuch der wissenschaftstheoretischen
Terminologie

VERLAG C. H. BECK

Die Deutsche Bibliothek – CIP-Einheitsaufnahme

Seiffert, Helmut:
Einführung in die Wissenschaftstheorie / Helmut Seiffert. –
München : Beck
Bd. 4. Wörterbuch der wissenschaftstheoretischen Termino-
logie. – Orig.-Ausg. – 1997
  (Beck'sche Reihe ; 1200)
  ISBN 3 406 42200 4
NE: GT

Originalausgabe
ISBN 3 406 42200 4

Umschlagentwurf: Uwe Göbel, München
© C. H. Beck'sche Verlagsbuchhandlung (Oscar Beck), München 1997
Gesamtherstellung: C. H. Beck'sche Buchdruckerei, Nördlingen
Gedruckt auf säurefreiem, alterungsbeständigem Papier
(hergestellt aus chlorfrei gebleichtem Zellstoff)
Printed in Germany

Inhalt

Vorwort

Das Wörterbuch will nicht nur wissenschaftstheoretische Termini im engeren Sinne erklären, sondern auch Stichwörter aus der Philosophie, die für die Wissenschaftstheorie wichtig sind – vor allem also solche aus Seins- und Erkenntnislehre, wie Erscheinung, Idealismus, Ontologie, Realismus, Realität.

Besonderen Wert habe ich darauf gelegt, möglichst jeden Stichwortbegriff durch mindestens ein Beispiel zu verdeutlichen.

Stärker als in allen mir bekannten Wörterbüchern zur Wissenschaftstheorie oder Philosophie habe ich viele Stichwortartikel durch einen „etymologischen Kopf" eingeleitet. Dabei habe ich mich bemüht, stets auf die Grundbedeutungen zurückzugehen.

Bei Termini griechischer und lateinischer Herkunft habe ich auch die Entsprechungen in der jeweils anderen klassischen Sprache herangezogen. Bei deutschen Termini habe ich teilweise auch deren Wortgeschichte in der deutschen Sprache skizziert. In vielen Fällen habe ich auch die englische Entsprechung aufgeführt – eingedenk der Tatsache, daß das Englische zusehends mehr zum internationalen Wissenschafts-„Latein" geworden ist.

Für nähere Informationen zu diesen Fragen verweise ich einerseits auf die größeren Wörterbücher der griechischen und lateinischen Sprache und andererseits auf die etymologischen Wörterbücher der deutschen Sprache, wie etwa „Das Herkunftswörterbuch (Duden Band 7) oder das „Etymologische Wörterbuch des Deutschen" (Deutscher Taschenbuch Verlag 3358). Eine Fülle von einschlägigen Informationen bietet auch Hoffmeister.

Das Wörterbuch versteht sich als reines Sachinformationsmittel, enthält also keine Literaturangaben zu den einzelnen Artikeln.

Hierfür möchte ich den Benutzer auf zwei von mir bearbei-
tete Sammlungen von Literaturmaterialien verweisen: in den
ersten drei Bänden meiner „Einführung in die Wissenschaftstheorie" und in dem von mir zusammen mit Gerard Radnitzky
herausgegebenen „Handlexikon zur Wissenschaftstheorie".
Ferner darf ich für die Literatursuche die großen Lexika von
Mittelstraß und von Ritter nennen.

Stattdessen möchte ich den Leser im Literaturverzeichnis
über die lexikalische Arbeit unseres Jahrhunderts in Philosophie und Wissenschaftstheorie informieren.

Näheres bitte ich der Vorbemerkung zum Literaturverzeichnis zu entnehmen.

Buckenhof, im August 1996   *Helmut Seiffert*

Zeichenerklärung und Abkürzungsverzeichnis

I. Zeichen

1. Bei der Anführung von Termini und Wörtern wird genau unterschieden, ob das betreffende Wort als Anführung einer *Bezeichnung* oder als Nennung einer *Bedeutung* gemeint ist.

Als Bezeichnung steht ein Wort in „ "; als Bedeutung steht es in , '.

Beispiel:

Das Wort „Zweck" bedeutet eigentlich ‚Nagel' (in der Schießscheibe). Das Wort „Ende" hat im 18. Jahrhundert auch die Bedeutung ‚Zweck'.

In unserem Beispiel wird das Wort „Zweck" in der ersten Zeile als *Bezeichnung* angeführt, in der dritten Zeile hingegen als *Bedeutung* genannt.

2. Auf Stichwörter, die in dem Wörterbuch einen eigenen Artikel haben, wird, wie allgemein üblich, mit einem Pfeil → hingewiesen.

3. Akzentsetzung

a. Bei griechischen Wörtern wurde die Akzentsetzung der griechischen Schrift auch in der lateinischen Umschrift genau nachgebildet: Akut ´. Gravis `, Zirkumflex ˜; ē langes e (Eta), ō langes o (Omega).

b. Bei lateinischen Wörtern wurde auf die Kennzeichnung langer und kurzer Vokale in der Regel verzichtet. Die Betonung wurde durch einen Punkt *unter* der zu betonenden Silbe bezeichnet, da das Lateinische ja keine Akzentzeichen kennt.

II. Abkürzungen

Ahd., ahd.	althochdeutsch
Dt., dt.; dte, im Dten	deutsch; deutsche, im Deutschen
Engl., engl.	englisch
frühnhd.	frühneuhochdeutsch
Fz., fz.	französisch
gleichbed.	gleichbedeutend
Gr., gr.	griechisch
Idg., idg.	indogermanisch
ital.	italienisch
Jh.	Jahrhundert
klass.	klassisch
Lat., lat.	lateinisch
Mhd., mhd.	mittelhochdeutsch
Nhd., nhd.	neuhochdeutsch

Stichwortverzeichnis

Das Wörterbuch enthält etwa 150 Stichwortartikel, was einem Lexikon mittleren Umfangs entspricht. Je geringer die Anzahl, um so weiter müssen die Begriffe für die Stichwörter gefaßt werden. Zentrale Begriffe wie Geisteswissenschaften, Gesetz, Hypothese, Logik, Mathematik, Methode, Naturwissenschaften, Regel, Sozialwissenschaften, Sprache, Theorie, Wissenschaftstheorie, Zeichen und viele andere wird man direkt nachschlagen. Stichwörter, für die man einen eigenen Artikel erwarten könnte, die einen solchen aber nicht haben – wie etwa Metasprache, Objektsprache, Pragmatik, Semantik, Syntaktik –, wird man als Verweise in diesem Verzeichnis finden, ebenso wie Synonymbeziehungen zwischen Stichwörtern (etwa Bedeutungslehre = Semasiologie, Semiotik = Zeichenlehre), wenn jeweils eines dieser Wörter das Stichwort für einen Artikel abgegeben hat.

Im einzelnen gilt folgendes:

1. linksbündig: Stichwörter mit eigenen Artikeln = Hauptstichwörter

   eingerückt: Verweise von nicht mit eigenem Artikel versehenen Stichwörtern auf Artikel, in denen das angeführte Wort behandelt wird = Nebenstichwörter

2. a. Eingeklammertes Stichwort nach *Haupt*stichwort:
   Synonym, das nicht als Stichwort gewählt wurde.
   Beispiel: Bedeutungslehre (Semasiologie)

   b. Gleichheitszeichen nach *Neben*stichwort:
   Synonym, unter dem das Stichwort behandelt wird.
   Beispiel: Semasiologie = Bedeutungslehre

   c. Pfeil nach *Neben*stichwort:
   Hauptstichwort, unter dem der Terminus behandelt wird.
   Beispiel: Metasprache → Aussagestufen

Abbild
(gr. eídōlon; lat. effigies; engl. image, picture)
   Bei Platon die körperlichen Gegenstände als Wiedergabe der unkörperlichen Ideen. Von Demokrit bis in die Neuzeit die Wiedergabe der Wirklichkeit (→ Realität) im Bewußtsein (→ Idealismus).
   Beispiel: Wenn wir ein Haus erblicken, entsteht in unserem Bewußtsein ein Abbild dieses Hauses.

Abbildung
(lat. repraesentatio; engl. representation)
   Allgemein der Vorgang, in dem ein → Abbild entsteht. In der Logik und Mathematik die gegenseitige Zuordnung zweier Gegenstände, etwa als Funktion, in der jeweils ein Zahlenwert einem anderen zugeordnet wird. Hierbei unterscheidet man linkseindeutige, rechtseindeutige und eineindeutige A.en.
   Beispiel: Funktion $y = x^2$; linkseindeutig, weil jedem x nur ein y, jedem y jedoch zwei x (etwa +3 und –3) zugeordnet sind. – Funktion $y = \sqrt{x}$; rechtseindeutig, weil jedem y nur ein x, jedem x jedoch zwei y zugeordnet sind, denn $\pm 3 = \sqrt{9}$. – Funktion $y = 2x$; eindeutig, weil jedem y ein x und jedem x ein y zugeordnet ist.

Ableitung
(lat. derivatio, deductio; engl. derivation)
   In Logik und Mathematik die Erzeugung eines Zeichengebildes aus einem anderen nach den Regeln des jeweiligen → Kalküls.
   Beispiel: Lösung einer Gleichung nach den dafür vorgesehenen Umformungsregeln (etwa „Hinüberschaffen" unter Umkehrung des Operationszeichens, wie: „Minus statt Plus").

absolut
(lat. absolutus ‚losgelöst'; gr. apólytos; engl. absolute)

‚Für sich bestehend, ohne Beziehung, unabhängig, unbedingt, uneingeschränkt'. Zwei Hauptbedeutungen, die jedoch
fast nicht zu unterscheiden sind: ‚unabhängig' (absolute Mon-
archie; Gott, das „Absolute") und ‚ohne Beziehung' (Gegensatz: relativ; → Relativismus) („absolute Zahl": Zahl ohne
Vorzeichen, also ohne Beziehung zu 0, weder größer noch
kleiner als 0).

Beide Bedeutungen fließen zusammen in „absolute Mehrheit": Mehrheit, die das Regieren ohne Koalitionspartner er-
möglicht (also unabhängig macht), und: mehr Stimmen als alle
anderen Mitbewerber zusammen (Gegensatz: relative Mehrheit, Mehrheit nur bezogen auf die jeweiligen Anteile der anderen).

abstrahieren
(lat. abstrahere ‚abziehen, wegziehen'; gr. aphairéō; engl. to abstract)

Von einem Gegenstand Eigenschaften „abziehen", d.h. weg-
nehmen, bis nur wenige oder eine „wesentliche" übrig bleiben.

Beispiel: Jeder Bericht über ein Ereignis und erst recht über
einen Tagesablauf ist ein Abstrahieren, da nur über das jeweils
Wichtige berichtet werden kann. > Fünf rote Kugeln > fünf
Kugeln > fünf Gegenstände > die Zahl fünf.

abstrakt
(lat. abstractus ‚abgezogen'; engl. abstract)

Beschaffenheit des durch den Vorgang des Abstrahierens
entstandenen Gegenstandes (Gegensatz: → konkret).

Beispiel: Eine Zahl, etwa 5, wenn von der Beschaffenheit der
gewählten Gegenstände (Personen, Fenster, Äpfel, Kugeln)
abgesehen wird. Einen Geldbetrag („136 DM") kann ich durch
außerordentlich viele Kombinationen von Münzen und
Scheinen darstellen (dazu noch als „Buchgeld" auf einem
Bankkonto).

Eine Melodie, bei der die absolute Tonhöhe die ausführen-
den Instrumente und (mit Einschränkung) auch das Tempo
gleichgültig sind – die vielmehr nur durch die relative Höhe
(Frequenzverhältnisse = Intervalle) und die relative Zeitdauer

ihrer einzelnen Töne, bezogen auf Höhe und Dauer des An-
fangstones bzw. aller Töne untereinander, bestimmt ist.

Abstraktion
(lat. abstractio ‚Abziehung‘, gr. aphaíresis; engl. abstraction)

‚Das Abziehen, das Abgezogensein‘. Vorgang und Ergebnis
des → Abstrahierens.

Eine Abstraktion liegt nicht nur dann vor, wenn von dem ursprünglichen Ausdruck, der den Gegenstand bezeichnet, von
welchem abstrahiert wird, ein einzelnes Zeichen unverändert
übrig bleibt (Fünf rote Kugeln > Fünf), sondern auch dann,
wenn der durch Abstraktion entstandene Gegenstand durch keinen einzelnen Ausdruck wiedergegeben werden kann, sondern
nur als das bezeichnet werden kann, was übrig bleibt, wenn man
von allen bestimmten ihn bezeichnenden Ausdrücken absieht.

Beispiele für Abstraktionsgegenstände sind etwa „Zahl“
(→ abstrakt) oder → „Begriff“. Ein Begriff ist das, was alle
sprachlichen Ausdrücke darstellen, die man füreinander ein-
setzen kann, etwa „Schornstein“ =„Schlot“ =„Kamin“. Auch
eine scheinbar „begrifflicher“ klingende → „Definition“ wie
‚senkrechter, meist gemauerter Schacht zum Abzug von Ver-
brennungsgasen‘ ist, logisch gesehen, nichts weiter als ein neuer Ausdruck für den von allen genannten Ausdrücken be-
zeichneten Begriff, verstanden als sprachliche Darstellung
eines → Gegenstandes. Alle genannten Wörter oder sprachlichen Ausdrücke (das sind aus mehr als einem Wort bestehende
Sprachgebilde) bezeichnen einen Begriff, der nur durch eine
bestimmte Formulierung (also jedenfalls durch ein Sprachgebilde) bezeichnet werden kann – und doch von dieser Formulierung unabhängig ist – das heißt eben: von ihr abstrahiert
werden kann.

adaequatio
(lat. adaequatio ‚Gleichmachung, Übereinstimmung‘, von lat. adaequare
‚gleichmachen, gleichkommen‘; engl. correspondence)

‚Übereinstimmung‘. Nach Thomas von Aquin ist die
→ Wahrheit definiert als adaequatio rei et intellectūs, ‚Über-

einstimmung des Gegenstandes und des Verstandes'. Diese Definition ist unbefriedigend, weil nichtssagend. Das Problem ist ja gerade: Was ist der Gegenstand? Was ist der Verstand? Was heißt Übereinstimmung? Sinnvoll ist die Definition *nicht* im Hinblick auf die – als frei von Irrtum und Lüge vorausgesetzte – *Erkenntnis,* sondern nur im Hinblick auf eine durch Irrtum oder Lüge verfälschte *Aussage.* Die angesichts eines roten Steines gemachte Aussage: „Dieser Stein ist rot" ist „wahr" nur gegenüber der irrtümlichen oder gelogenen Behauptung: „Dieser Stein ist blau", beantwortet aber nicht die Frage, ob und inwiefern ein Gegenstand „rot" *ist"* („res"), den wir als „rot" *bezeichnen* („intellectus"). (→ Prädikation)

Adjunktion
(lat. adiŭnctio ‚Anbindung'; engl. adjunction)

‚Anbindung'. In der Logik die „oder"-Verknüpfung. Gemeint ist nicht das ausschließende „oder" („entweder … oder …"), das nur eine von zwei oder mehr Möglichkeiten zuläßt, sondern das *nicht* ausschließende „oder", welches ‚das eine oder das andere oder beides' bedeutet, zur Verdeutlichung heute auch gern als „und/oder" formuliert.

Beispiel: „Im Gasthaus kann man essen oder trinken": beides, oder nur eines von beiden, aber nicht: nichts.

Äquivalenz
(lat. aĕquus ‚gleich', und vạlens ‚stark'; engl. equivalence)

‚Gleichstärke, Gleichwertigkeit'. In der Logik eine Relation zwischen zwei Aussagen, die inhaltlich nicht gleich sind, die aber stets beide gemeinsam entweder wahr oder falsch sind.

Beispiel: „Immer und nur wenn heute Dienstag ist, dann ist morgen Mittwoch." Beide Teilaussagen sind an jedem Dienstag wahr, an jedem anderen Wochentag falsch; denn nur am Dienstag kann man mit Recht behaupten, daß heute Dienstag und daß morgen Mittwoch sei.

aktual/potentiell
(neulat. actuạlis/potentiạlis, etwa: ‚tatsächlich/möglich'; von lat. ạctus ‚das Treiben, Tätigkeit, Handlung' und potẹntia ‚Können, Vermögen, Kraft';

actus = gr. enérgeia ‚Wirksamkeit, Tätigkeit‘ von érgon ‚Werk‘; poten-
tia = gr. dýnamis ‚Kraft, Macht‘; engl. actual/potential)

Etwa ‚tatsächlich verwirklicht/bloß möglich‘. Beruht auf
dem aristotelischen Begriffspaar enérgeia/dýnamis. Für die
Wissenschaftstheorie vor allem wichtig in der mathematischen
Grundlagenforschung, wo der grundlegende Sachverhalt
gleichzeitig das Beispiel bietet:

Die Folge der natürlichen Zahlen bricht niemals ab, das
heißt, wir können immer weiterzählen, zu einer erreichten
Zahl immer noch eine hinzuzählen. Die Folge der natürlichen
Zahlen ist also grundsätzlich, der Möglichkeit nach, ohne Ende:
potentiell unendlich. Dieses Unendliche ist aber tatsächlich (in
der Praxis) nicht zu erreichen: es ist also nicht aktual unendlich.

allgemein/besonder

(gr. katà hólou ‚hinsichtlich des Ganzen‘, zus. gez. zu kath‘ hólou oder
kathólou, hieraus das Adj. katholikós ‚das Ganze betreffend, allgemein‘/katà méros ‚zum Teil, teilweise‘, katà hékaston ‚jedes Einzelne betreffend, im einzelnen, Stück für Stück‘; lat. generalis (von genus ‚Herkunft, Art‘) ‚zur Art gehörig, allgemein‘ und universalis (von universus ‚in
eins gekehrt, ganz, allgemein‘); ‚allgemein‘/particularis (von pars ‚Teil‘)
‚einen Teil betreffend‘; specialis (von species ‚Anblick, Gestalt, Unterart
einer Oberart‘) ‚eine bestimmte, besondere Gestalt betreffend‘; individuus
(gr. átomos) ‚unteilbar‘; singularis ‚einzeln, einzigartig‘; engl. general, uni-
versal/particular, special, individual, singular)

Wohl das wichtigste, grundlegendste Begriffspaar der Philosophie überhaupt. Alle Wissenschaft, alle Erkenntnis beruht
auf der fortwährenden Entgegensetzung des Allgemeinen und
des Besonderen.

Wir können das „Allgemeine“ vor allem auf dreierlei Weise
verdeutlichen: als Ergebnis einer Abstraktion; als Oberbegriffsbildung oder Klassifikation; als Bildung eines Ganzen aus
Teilen. Das „Besondere“ ergibt sich dann jeweils als das, von
dem wir ausgehen, um das „Allgemeine“ zu bilden.

Beispiele: 1. Abstraktion: Wir beweisen die Gültigkeit des
Winkelsummensatzes für jedes mögliche Dreieck durch Zeichnung eines beliebigen und daher „allgemeinen“ Dreiecks, an
dem wir bestimmte Winkel-Sachverhalte „allgemein“ beweisen. – Wenn man bei einer Abrechnung in einer Zahl verse-

hentlich zwei Ziffern vertauscht, ergibt sich stets eine durch 9 teilbare Differenz. Warum? Das kann man „allgemein" für beliebige zwei nebeneinanderstehende Ziffern im arabischen Zahlensystem beweisen, indem man mit allgemeinen Zahlen a und b rechnet: $10a + b$ und $10b + a$ sind zwei zweistellige Zahlen, deren Ziffern vertauscht sind. Subtrahieren wir die zweite von der ersten, ergibt sich: $10a + b - (10b + a) = 10a - a - 10b + b = 9a - 9b = 9(a - b)$.

Die Differenz ist also gleich dem Unterschied beider Ziffernwerte mal 9.

2. Oberbegriffsbildung oder Klassifikation: Ein Luchs ist ein mittelgroßes Raubtier mit Ohrpuscheln. Denken wir uns die Puscheln weg, sieht der Luchs einer Hauskatze recht ähnlich. Sehen wir von der Größe der Tiere ab, besitzen Löwe, Tiger, Leopard, Luchs und Hauskatze auffallende gemeinsame Merkmale: Kopf- und Ohrenform, Konstruktion der Tatzen.

So haben wir die Familie der Katzen. Sehen wir auch von den besonderen Merkmalen der Katzen ab und beachten nur das Vorhandensein von vier Beinen, kommen wir zu den „Säugetieren". Vernachlässigen wir die äußere Form eines Tieres ganz und achten nur auf das Vorhandensein eines Skeletts (des inneren Körpergerüstes), haben wir die „Wirbeltiere". Interessiert uns nur die Tatsache, daß ein Lebewesen sich selbständig fortbewegt, sind wir beim Oberbegriff „Tier" angelangt.

3. Bildung eines Ganzen: Im Sinne der Oberbegriffsbildung (oder Klassifikation) ist der Tiger eine Katze, weiter ein Säugetier und so fort. Innerhalb eines „Lebensraumes" „Dschungel" aber ist er ein Teil eines gegliederten Ganzen, das aus lauter untereinander verschiedenen, aber in bestimmter Wechselwirkung stehenden Teilen (Tieren verschiedenster Art, Pflanzen, Gewässern) besteht, die ein Ganzes (oder ein System) bilden. Ein Ganzes besteht nicht nur aus verschiedenartigen Teilen, sondern ist auch selbst noch etwas Neues: „mehr als die Summe seiner Teile". – Ein Beispiel aus der Technik (nach H. P. Bahrdt): eine bestimmte Schraube, Bestandteil eines Autos, läßt sich mit anderen Schrauben (gleichen im glei-

chen Fach, größeren, kleineren oder anders genormten in verschiedenen Fächern) im Regal einer Reparaturwerkstatt ordnen, und zwar in einem klassifikatorischen System: Schrauben, Muttern, Scheiben, Bleche, Röhren und so fort. Der Oberbegriff der Schraube ist also „Ersatzteil" oder „Montiergegenstand". Als Teil eines Autos hingegen ist die Schraube nicht nur auf andere Schrauben bezogen, sondern auf die Teile, die sie zusammenhält, damit das Auto als aus verschiedenartigen Teilen zusammengesetzes Ganzes funktionieren kann. (→ System)

Durch unsere Beispiele ist hinreichend deutlich geworden, was das „Allgemeine" und das „Besondere" jeweils sein können. Nur auf einen Punkt sei noch hingewiesen. Die Gegentermini „generalis" und „specialis" gehen beide auf Grundwörter zurück, die unter anderem die Bedeutung „Art" haben können: genus und species. Dies ist verwirrend. Wie kann species dann die Bedeutung „Besonderes" angenommen haben, wie sie vor allem im Wort „spezifisch" hervortritt? Hier hilft die Grundbedeutung weiter: genus bedeutet eigentlich: das durch Geburt Erzeugte und insoweit biologisch immer wieder ähnlich Erzeugbare: die Familie, der Stamm, das Volk. Im Gegensatz dazu hängt species mit spectare ‚sehen' (gr. skep-, skop- wie in ‚skeptisch' und ‚Teleskop') zusammen, Grundbedeutung also: das Gesehene, die besondere Gestalt. Auch dann, wenn species ‚Art' bedeutet, liegt daher der Ton immer auf ‚Unterart', ‚von anderen Arten unterschiedene, besondere Art'.

„Spezifisches Gewicht": zwar haben alle Eisenstücke untereinander das gleiche (auf der Raumeinheit bezogene) Gewicht, aber dieses Gewicht ist eben charakteristisch, „spezifisch" (nur) für das Eisen als einen bestimmten Stoff, im Gegensatz zu anderen Metallen und, überhaupt, festen, flüssigen oder gasförmigen Stoffen, die jeweils andere, eigene spezifische Gewichte haben.

Allsatz
Ein Allsatz ist die Behauptung, daß allen Gegenständen, denen der → Prädikator A zugesprochen werden kann, auch der

Prädikator B zusprechbar ist. Zum Beispiel: „Alle Schwäne sind weiß." Die Wahrheit eines Allsatzes kann nur mit der deduktiven, nicht mit der induktiven Methode (→ Deduktion, → Induktion) bewiesen werden. „Alle Dreiecke haben die Winkelsumme 180 Grad" ist deduktiv wahr. Der Satz „Alle Schwäne sind weiß" dagegen kann nie bewiesen werden, da jederzeit ein nichtweißer Schwan auftauchen kann.

Die Verneinung (→ Negation) des Allsatzes lautet: „Nicht alle ...". Bei einer Klasse von 30 Schülern umfaßt „nicht alle" den Anzahlenbereich von 29 bis 0.

Der „Nicht alle"-Satz ist, wie der → Existenzsatz, endgültig bewiesen, sobald auch nur *ein* Gegenstand mit abweichendem Merkmal, also etwa ein schwarzer Schwan, aufgetaucht ist.

Alltagssprache
(engl. ordinary language)
Die Sprache, die wir im täglichen Leben tatsächlich miteinander sprechen, im Gegensatz zur Wissenschaftssprache, die durch normierte→ Termini gekennzeichnet ist. Die A. ist für Philosophie und Wissenschaftstheorie in doppelter Weise wichtig: einerseits als Gegenstand der analytisch-logischen Sprachphilosophie, andererseits als das Medium, in dem und aus dem heraus wir die Wissenschaftssprache entwickeln.

Anders als die Sprachwissenschaft oder Linguistik, hat es die analytisch-logische Sprachphilosophie nicht mit den technischen Details der Sprache zu tun; sie ist weder Phonologie noch Formen- oder Satzlehre, weder Etymologie noch Dialektkunde noch Sprachgeschichte noch Stilistik. Sie behandelt die Alltagssprache formal unter dem Gesichtspunkt der → *Abstraktion* (also zum Beispiel: „Roß", „Pferd" und „Gaul" sind für sie gleichbedeutend bzw. Synonyma) und inhaltlich unter dem Gesichtspunkt der → *Prädikation:* Welchem Gegenstand in unserer Welt sprechen wir welches Wort zu? (→ Sprache, allgemein und philosophisch).

Analogie

(gr. analogía ‚Verhältnismäßigkeit, Entsprechung‘, von gr. análogos ‚dem lógos entsprechend, verhältnismäßig‘; lat. (pro)portio ‚zugemessener Teil, Verhältnis‘; engl. analogy)

Analogie bedeutet allgemein ‚Entsprechung (innerhalb des gleichen oder in verschiedenen Bereichen)‘.

1. Die Entsprechung innerhalb des *gleichen* Bereiches können wir oft auch als „Verhältnis" oder „Proportion" bezeichnen: eine zweidimensionale Figur und ihre Verkleinerung (oder Vergrößerung) entsprechen sich in den Längenverhältnissen der Geraden und/oder Kurven, aus denen sie bestehen; alle Winkel sind die gleichen, nur die absolute Größe ist verschieden. In der Geometrie bezeichnen wir dieses Verhältnis auch als „Ähnlichkeit". Das Wort „ähnlich" hatte ursprünglich *auch* die Bedeutung ‚gleich‘, was dem geometrischen Sachverhalt (Längenverhältnisse und Winkel gleich) angemessen ist. Die heutige alltagssprachliche Bedeutung weicht von der mathematischen allerdings ab, da für die allgemeinsprachliche „Ähnlichkeit" keine genaue Proportionalität und keine völlige Gleichheit der Winkel erforderlich ist; „ähnlich" bedeutet hier nur ‚annähernd gleich‘.

2. Eine Entsprechung in *verschiedenen* Bereichen wird sprachlich oft durch einen Vergleich oder eine Metapher ausgedrückt. Von jeher beliebt sind Analogien mit dem menschlichen Körper als Vergleichsbereich, etwa: der Staat als Organismus. (Auch zwischen Auto und menschlichem Körper besteht eine erstaunlich breite Analogie, etwa was Gehirn, Nahrungsverwertung, Bewegungsorgane und Ausscheidung anbetrifft.)

Auch in der Ethik sind Analogien möglich, etwa: „Wenn die Abtreibung Mord ist, dann ist eine Fehlgeburt ein Trauerfall" oder: „Die Sterbehilfe verhält sich zur Euthanasie im Hitlerreich wie eine Geldspende zum Beraubtwerden".

Der Stilistiker spricht vom „tertium comparationis": dem Merkmal, das den Vergleich nahelegt, etwa: „Fuß des Berges": *Fuß* als unterer Teil von Mensch und Berg. Übertragen auf den Begriff der Analogie wäre das tertium comparationis die gemeinsame Struktur in beiden Bereichen, die zur Analogie führt, im Falle „menschlicher Körper : Auto" also die Steuerung der Bewegung, in Gang gehalten durch die Nahrungsverwertung.

analytisch/synthetisch
(gr. analytikós von análysis ‚Auflösung, Trennung'/synthetikós von sýnthesis ‚Zusammensetzung'; lat. (dis)solutio ‚Auflösung'/compositio ‚Zusammensetzung'; engl. analytical/synthetical)
‚In seine Bestandteile auflösend/aus seinen Bestandteilen zusammensetzend.'

Am augenfälligsten in der Chemie: Analyse = das Auflösen einer gegebenen Substanz in ihre Bestandteile; Synthese = das Zusammensetzen einer gewünschten Substanz aus den dafür erforderlichen Bestandteilen.

Entsprechend in der Mathematik. Analytische Geometrie: Umdeutung geometrischer Figuren in Funktions-Graphen und damit ihre Auflösung in eine Reihe von Koordinaten-Wertepaaren, die eine Funktionsgleichung erfüllen.

In Philosophie und Wissenschaftstheorie allgemein ordnet sich der Gegensatz analytisch/synthetisch dem Gegensatz analytische/hermeneutische Methode zu – oder noch allgemeiner: dem Gegensatz zwischen mathematisch/naturwissenschaftlicher (deduktiv/induktiver) und geisteswissenschaftlicher Methode.

Beispiel: Nach synthetisch-ganzheitlicher Methode interpretiert man ein Gedicht, indem man seinen Sinnzusammenhang zu erfassen versucht, den Klang der Worte auf sich wirken läßt. Oft erkennt man ein Werk als von einem bestimmten Autor stammend, ohne exakt sagen zu können, warum und woran man dies erkennt. Die analytische Methode, ein Gedicht zu erschließen, geht von rational faßbaren bis hin zu rein quantitativen Merkmalen wie Satzlängen, Wortlängen, Wort- oder Buchstabenhäufigkeit aus.

Im übrigen stellt sich die Frage, ob es auf lange Sicht nicht möglich sein könnte, die synthetische auf die analytische Untersuchung zurückzuführen, wie folgendes weitere Beispiel

zeigt: Jeder auch nur laienhafte Kenner der spätbarocken Musik kann meist nach dem Hören weniger Takte unfehlbar bestimmen, ob die gehörte Komposition von Telemann, Zelenka,
Corelli, Albinoni, Vivaldi, Händel oder Bach stammt – aber er
weiß nicht, woran er das merkt. Da nun jede mögliche Komposition aus einer Kombination des immer gleichen Tonvorra-
tes besteht (wie ein Literaturwerk aus Buchstaben), wäre es
theoretisch möglich, durch eine Mikroanalyse von Ton- und
Harmonieabfolgen Stileigenheiten quantitativ definierbar zu
machen.

Was bei Kunstwerken aufgrund ihrer relativ elementaren
Zeichenstruktur noch denkbar erscheint, ist allerdings – ver-
mutlich auch auf lange Sicht – unmöglich, wenn es um die Interpretation des menschlichen Lebens mit seinen Billionen
möglicher Mikrosituationen, Stimmungslagen und komplexen
Wahrnehmungseindrücken geht. Hier wird die synthetische
(hermeneutische) Zugangsweise auf immer das Monopol be-
halten.

Anfang
(gr. arché; lat. principium; initium; engl. origin; beginning)
    Das deutsche Wort hat zwei Bedeutungen.
    1. Auf den *Gegenstand* bezogen bedeutet es soviel wie Ur-
sprung, Grund, Grundlage (lat. principium von primus und
capere: ‚was als erstes ergriffen wird‘). Hier geht es um Probleme wie den Ursprung der Welt, den oder die Urstoff(e)
oder Element(e).
    2. Auf die wissenschaftliche *Aussage* bezogen bedeutet es
soviel wie Eingang, Ausgangspunkt, Beginn der Aussagenkette
(lat. initium ‚Eingang‘). In einem Aussagengefüge wie etwa der
Mathematik läßt sich ein Satz aus einem anderen ableiten; aber
woher kommt der *erste* Satz? Lösungsmöglichkeiten sind:
    a. Das → Axiom. Ein unbewiesener und daher unverstande-
ner Satz wird an den Anfang gesetzt und alles weitere aus ihm
abgeleitet. Z.B.: Das erste und das dritte Peanosche Axiom ergeben kombiniert die Aussage: „Null ist die erste natürliche
Zahl." Warum Null? Warum nicht Eins? In der Tat – andere

Fassungen der Peano-Axiome nennen die Eins als erste natürliche Zahl. Diese Differenz macht deutlich, daß die Axiome auf Willkür beruhen.

b. Die Begründung des Anfangs eines Aussagengefüges aus dem Leben. Beispiel: Die Zahlen werden etwa aus Strichlisten //// abgeleitet, wie sie der Kellner macht. Da wir unser Leben immer schon „unsystematisch" leben, können und müssen wir es aus Lebensvollzügen begründen. Haben wir diese Begründung erst einmal vorgenommen, können wir jede weitere Aussage schrittweise aus der ersten, im Leben verankerten Aussage ableiten (→ Logische Propädeutik).

Das Anfangsproblem im zweiten Sinne, dem der wissenschaftlichen Darstellung, enthält sowohl den Blick auf die Sache selbst, also das Problem der wissenschaftlichen Erkenntnis, als auch den Blick auf die Lehre. „Beim Anfang anfangen" – das ist gleichzeitig die Forderung sauberer Begründung der Erkenntnis und die Forderung des Lehrbarmachens dieser Erkenntnis. Wissenschaftlicher und didaktischer Gesichtspunkt gehen in eins.

Anthropologie
(gr. ánthrōpos ‚Mensch')

Die Lehre vom Menschen. Dies kann einerseits rein biologisch verstanden werden – dann steht die Anthropologie in einer Reihe mit der Botanik und der Zoologie. Man spricht etwa von „anthropologischen" Untersuchungen, wenn über Körpermaße wie Schädelumfänge oder ähnliches geforscht wird.

In der Philosophie ist die Anthropologie hingegen die umfassende Lehre von der spezifischen Eigenart und Rolle des Menschen im Bereich der gesamten realen Welt.

Der Mensch ist ein „geschichtetes" Lebewesen, gehört also der anorganischen, der organischen, der psychischen und der geistigen Schicht an. Der Geist ist die höchste, dem Menschen allein vorbehaltene Schicht. Damit verbunden ist eine Fülle von Gegebenheiten. Nur zwei seien genannt:
– Der Mensch kann „erkennen". Er lebt nicht einfach in seiner gegebenen Umwelt wie das Tier, sondern er kann sich neben

sich selbst stellen und nicht nur die Natur, sondern auch sich selbst zum Gegenstand der Erkenntnis machen.

– Der Mensch kann gut oder böse sein. Er kann sich entscheiden, was er tun will. Er trägt Verantwortung für das, was er tut. Für das Tier gilt dies alles nicht.

Jahrtausendelang galt der Mensch als „die Krone der Schöpfung". Das biblische Wort „Macht euch die Erde untertan" wurde als Aufforderung verstanden, die gesamte untermenschliche Schöpfung dem Menschen dienstbar zu machen. Das Eigenrecht dieser anderen Geschöpfe wurde stillschweigend oder ausdrücklich ignoriert. Tiere wurden gezüchtet und unbedenklich getötet, um dem Menschen als Nahrungsmittel, Kleiderlieferanten und so fort zu dienen. Selbst höhere Tiere galten juristisch als „Sache". Die Tötung eines Hundes galt als „Sachbeschädigung".

Erst die Tierschutzbewegung unseres Jahrhunderts begann das Tier um seiner selbst willen zu sehen.

Inzwischen beginnt die Sicht des Menschen – wie so oft in der Philosophie – in das andere Extrem umzuschlagen. Der Mensch soll nicht mehr nur die Natur nicht für sich ausbeuten, sondern seine Existenz wird für zumindest nicht überflüssig, wenn nicht sogar für schädlich erklärt.

Beispiel: Der Naturschutz soll die Natur nicht mehr einerseits vor der Ausbeutung durch den Menschen schützen, andererseits dafür sorgen, daß der sich diszipliniert verhaltende Mensch sich an der Natur um so ungestörter erfreuen kann –, sondern will ihm den Genuß der Natur ganz verwehren. Also: Nicht nur *umzäunte* Wege in den Naturschutzparks, sondern am liebsten überhaupt kein Zugang für Menschen mehr.

Im extremen Fall wird eine Natur ohne den Menschen als das eigentlich Wünschenswerte angesehen.

Nun ist es zwar richtig, daß die Natur auch dann noch „da" ist, wenn kein Menschenauge sie mehr erblickt, wenn man annimmt, daß die Außenwelt erkenntnisunabhängig vorhanden ist (und nicht einem → Idealismus des „Sein ist Wahrgenommenwerden" das Wort redet). Andererseits aber ist der Mensch nötig, um die Natur als solche zu sehen, zu verstehen und zu definieren.

In diesem – qualifizierten – Sinne wäre die Natur ohne den Menschen nicht da oder wäre zumindest uninteressant.

Natürlich kann man sich eine „heile Welt" ohne den Menschen vorstellen. Aber wozu? Diese Welt wäre grauenhaft langweilig: Sie wird erst interessant durch den erkennenden, handelnden Menschen. Diese „heile Welt ohne Menschen" wäre ein Widerspruch in sich, da ja nur der Mensch eine Welt als „heil" definieren kann.

Die Welt „als solche" würde es noch geben. Aber eine vom Menschen „heil" genannte Welt kann es nicht geben, da kein Mensch da ist, der sie als „heil" definiert. Das Paradoxe ist also: Derselbe Mensch, der die Natur angeblich nur mißbraucht und zerstört, gibt ihr als denkendes und handelndes Wesen erst jenen Wert, den er dann angeblich wieder zerstört.

a priọri/a posteriọri

(von lat. priọr/postẹrior ‚vorher/nachher'; gleichbed. gr. próteron/hýsteron ‚früher/später': ‚vom Früheren aus/vom Späteren aus')

Grundlegendes philosophisches Begriffspaar, das den Gegensatz von „Erkenntnis *vor* der (und daher *un*abhängig von der) Erfahrung" und „Erkenntnis *nach* der (und daher *ab*hängig von der) Erfahrung" bezeichnen soll. Hierbei ist der Begriff „Erkenntnis nach der oder auf Grund der Erfahrung" der leichter verständliche, der für sich gar nicht erläutert zu werden braucht. Schwieriger steht es mit der Erkenntnis unabhängig von der Erfahrung, also der A-priori-Erkenntnis. A-priori-Wissen finden wir vor allem auf zwei Gebieten: der Ethik und der Mathematik.

1. Ethik. Beispiel: Das → Gewissen sagt uns unabhängig von der Erfahrung, das heißt von erlerntem Wissen, was gut und was schlecht ist. Es wird nicht, wie viele fälschlich glauben, durch die Vermittlung von → Normen (Geboten und Verboten) anerzogen, so daß durch beliebig formulierte Normen ein diesen beliebigen Normen entsprechendes Gewissen entstünde. Das Gewissen ist vielmehr ein Kompaß, der von äußeren Einflüssen unabhängig ist; es kann daher auch gerade *gegen* die gerade herrschende Norm entscheiden (etwa: Opposition in Diktaturen).

2. Mathematik. Daß die Winkelsumme des (jeden) Dreiecks zwei rechte Winkel (180 Grad) beträgt, ist eine Tatsache, die man durch das Messen jedes einzelnen in der Welt vorgefundenen Dreiecks weder nachweisen kann noch nachweisen muß. Man zeichnet vielmehr ein allgemeines (→ allgemein/besonder) Dreieck, zieht durch eine Ecke eine Parallele zu der dieser Ecke gegenüberliegenden Seite – und kann nun mit Hilfe vorher abgeleiteter Sätze über Winkelgleichheiten ganz allgemein beweisen, daß jedes Dreieck diese Winkelsumme besitzen muß – auch alle nicht mehr oder noch nicht bestehenden Dreiecke.

Wenn man den Begriff „a priori" ganz streng faßt, kommt man allerdings zu der Einsicht, daß es apriorische Erkenntnisse nicht gibt, und zwar aus zwei Gründen:

a. Innerhalb unserer tatsächlich gegebenen Welt: Das geometrische Flächengebilde, das wir zum Beweis des Winkelsummensatzes vor uns hinstellen, können wir im Grunde auch als einen Erfahrungsinhalt auffassen; ähnliches ließe sich wohl auch für die Inhalte des Gewissens sagen.

b. Alle apriorisch erkennbaren Sachverhalte gelten wiederum nur in unserer tatsächlich gegebenen Welt. Man kann sich jedoch andere Welten (→ Welt) vorstellen, in denen andere Sachverhalte gelten. Auch apriorische Sachverhalte sind ja nur ein Fall aus unendlich vielen anderen Möglichkeiten.

Argument

(lat. argumentum ‚auf Tatsachen beruhender Beweis oder Begründung', von arguo ‚im hellen Lichte zeigen', dies wiederum verwandt mit gr. argós ‚weiß'; dazu auch lat. argentum ‚Silber')

Ein Argument ist ein in der juristischen Auseinandersetzung oder in der politischen und wissenschaftlichen Diskussion angeführter Satz, der einen anderen Satz, der als Behauptung oder Forderung vorgebracht wird, begründen soll.

Beispiel: „Der Ausbau des Autostraßennetzes schafft und erhält Arbeitsplätze in der Autoindustrie." Hier wird eine Forderung, nämlich die nach der Intensivierung des Autoverkehrs, begründet bzw. unterstützt durch die Feststellung, daß dadurch die Arbeitslosigkeit bekämpft werde. – Es wird deutlich, daß ein Argument sowohl wahr als auch falsch als auch teilweise wahr, teilweise falsch sein kann. Das Arbeitsplatz-Argument ist sinnvoll nur dann, wenn und soweit die wirtschaftliche Betätigung, die es verteidigen will, auch für sich genommen notwendig, nützlich, sinnvoll und ethisch vertretbar ist; der Ausbau der Rüstungsindustrie ließe sich nicht mit dem Arbeitsplatz-Argument rechtfertigen.

Atom

(gr. átomos ‚unzerschneidbar, unteilbar‘, von a- ‚un-‘ und témnō ‚schneiden‘; gleichbed. lat. in-dividuum ‚das Unteilbare‘; im klass. Latein als Übersetzung von átomos; heutige Bedeutung von „Individuum" [‚der Einzelmensch in seiner jeweiligen Besonderheit‘] seit dem Mittelalter)

Heute verstehen wir unter dem Atom ‚das nicht weiter teilbare, kleinste Elementarteilchen der Materie‘. Die Entdeckung der modernen Physik, wodurch die – chemisch tatsächlich nicht mehr teilbaren – Atome physikalisch in weitere Bestandteile zerlegbar sind, macht den Begriff des Atoms nicht sinnlos, da man ja festlegen kann, in bezug worauf das Atom das kleinste Teilchen sein soll.

Eine Analogie: Das „Atom" der geschriebenen Sprache ist und bleibt der Buchstabe, und zwar unbeschadet der Tatsache, daß jeder Buchstabe als eine bestimmte Kombination senkrechter und waagerechter Striche – als nun wirklich kleinster Einheiten der Schrift – noch weiter teilbar ist, wie dies das Schaufeld jedes Taschenrechners deutlich macht: diese beliebig kombinierbaren, aber auf dem Schaufeld jeweils einen bestimmten Standort einnehmenden Strichelemente sind gleichsam die „Protonen" und „Elektronen" der Buchstabenatome.

Aussage, Satz

(gr. apóphasis; lat. enuntiatio; engl. proposition)

Was eine Aussage ist, läßt sich stufenweise folgendermaßen entwickeln:

1 a. Einem → Gegenstand wird ein → Prädikator zugesprochen: Dies ist ein Haus.

1 b. Der Gegenstand wird benannt: „Sonnenblick" ist ein Haus.

2 a. Der Prädikator wird zwei (oder mehr) Gegenständen zugleich zugeschrieben, weil er zweistellig (oder mehrstellig) ist: Köln liegt zwischen Düsseldorf und Bonn; Albert ist wegen Beate eifersüchtig auf Christian.

2 b. Dem Gegenstand werden umgekehrt zwei (oder mehr) Prädikatoren zugesprochen: Dies ist ein Haus und dies ist dreistöckig – zusammengefaßt zu: Dieses Haus ist dreistöckig.

Der Begriff der Aussage ist also beliebig erweiterbar: Nicht nur durch die beliebige Kombination mehrstelliger Prädikatoren und von Gegenständen, denen mehrere Prädikatoren zugesprochen werden, wie soeben gezeigt, sondern auch durch die Einführung weiterer Wortarten wie Indikatoren, Junktoren und Quantoren – und schließlich durch die Zulassung beliebig komplizierter und interpretierender Prädikatoren (Beispiel: „eifersüchtig sein").

Aus Aussagen beliebig komplexer Art bestehen etwa Nachrichtensendungen: „Der amerikanische und der russische Präsident trafen in Washington zu einem ‚Gipfel' zusammen. Nicht in allen Punkten konnte Einigkeit erzielt werden." Auch die Interpretation, die im zweiten Satz liegt, fällt unter den Begriff „Aussage".

Die Aussage ist ein Beispiel für das Ergebnis einer → Abstraktion. Eine Aussage braucht nämlich keinen bestimmten Wortlaut zu haben, sondern kann auf verschiedene Weise ausgedrückt werden, zum Beispiel: Dieses Haus ist dreistöckig – Dieses Wohngebäude hat drei Geschosse – This house has three floors.

Eine bestimmte Wortlautfassung einer Aussage nennen wir einen Satz. Im letzten Beispiel wurde also eine Aussage durch drei gleichbedeutende Sätze dargestellt. Das Wort „Satz" kann aber auch genau wie das Wort „Aussage" gebraucht werden.

Das, was eine Aussage darstellt, also der Gegenstand einer Aussage, ist ein → Sachverhalt.

Aussagenlogik

Die Aussagenlogik (oder → Junktorenlogik) hat es mit der Verknüpfung ganzer Aussagen bzw. Sätze (→ Aussage) durch

→ Junktoren zu tun. Die Analyse des Inhalts der fraglichen Aussagen ist nicht Gegenstand der Aussagenlogik; sie hat es nur mit den Verknüpfungen der Sätze als ganzen zu tun. Die Bezeichnung „Junktorenlogik" ist daher korrekter.

Beispiel: „Zweimal zwei ist vier, *und* der Himmel ist blau"; *(Immer) wenn* es regnet, wird die Straße naß"; „*(Nur) wenn* es schneit, laufe ich Ski". (Gegensatz: → Prädikatenlogik)

Aussagestufen: Objektsprache – Metasprache – Metametasprache

Es ist eine Entdeckung der Logik unseres Jahrhunderts, daß es beim wissenschaftlichen (und auch beim außerwissenschaftlichen) Sprechen mehrere, und zwar grundsätzlich beliebig viele Aussagestufen geben kann. Das heißt: Man kann nicht nur über einen Sachverhalt (hier im engeren Sinne zu verstehen; vgl. aber unten den letzten Absatz) eine Aussage machen, sondern man kann wiederum über diese Aussage selber eine Aussage machen und so fort.

Nehmen wir die Aussage: „Bremen liegt an der Weser." Dies ist eine Aussage über außersprachliche Gegenstände, nämlich eine Stadt und einen Fluß, die durch die Relation „liegt an" miteinander verknüpft sind. Wir nennen diese Aussage eine Aussage in der „Objektsprache".

Das Wort „Objektsprache" kann man auf doppelte Weise verstehen: Einmal als ‚Sprache, die sich auf Objekte bezieht', das heißt, auf außersprachliche Gegenstände.

Aber ein → Gegenstand kann alles mögliche sein, also nicht nur ein „gegenständlicher" Gegenstand wie ein Gerät, ein Fluß oder eine Stadt, sondern zum Beispiel auch eine Sprache. Es ist daher zutreffender, eine Objektsprache einfach als eine Sprache zu verstehen, die *selbst Objekt* (Gegenstand) sein kann – nämlich einer *Metasprache.* Unter einer Metasprache versteht man eine Sprache, in der man über eine Sprache (als Objekt dieser Metasprache) spricht.

Ein Satz der Metasprache wäre: „Der Satz ‚Bremen liegt an der Weser' ist wahr."

Ein Beispiel für die Unterscheidung von Objekt- und Me-

tasprache: Objektsprache: „Die Katze ist ein Haustier"; Me-
tasprache: „,Katze' besteht aus fünf Buchstaben". Im ersten
Fall ist das Tier *Katze* als nichtsprachliches Objekt, im zweiten
Fall das Wort „Katze" als sprachliches Objekt gemeint.

Im ersten Fall sprechen wir auch vom Gebrauch (use) des
Wortes „Katze", im zweiten Fall von seiner Erwähnung
(mention). Die Unterscheidung zwischen Objektsprache und
Metasprache im 20. Jahrhundert, wie sie etwa Bertrand Russell
durch seine „Typentheorie" vorgenommen hat, ist eine logische Großtat. Mit ihrer Hilfe wurden einige schon aus der
Antike bekannte „Paradoxien" aufgelöst. Der Satz des lügen-
den Kreters (präzisiert zu: „Was ich jetzt sage, ist falsch") führt
– nach antiker Auffassung – zu einem Widerspruch. Denn
wenn dieser Kreter die Wahrheit sagt, ist das, was er sagt,
falsch. Wenn er aber lügt, ist es wahr.

Die „Typentheorie" verdeutlicht Russell an folgendem anschaulichen Beispiel: Der Dorfbarbier rasiert alle Männer des
Dorfes, die sich nicht selbst rasieren. Rasiert nun der Dorfbarbier sich selbst oder nicht? Rasiert er sich selbst, so gehört
er zu denen im Dorf, die er nicht rasiert. Rasiert er sich dagegen nicht selbst, so muß er sich eben deshalb rasieren.

Russells Lösung ist so einfach wie verblüffend: Man muß
zwischen der Berufsfunktion des Barbiers und seinem Privatleben trennen. Daher ist es unzulässig, das Sichselbstrasieren
des Barbiers auf eine Ebene oder Stufe mit seinem Rasieren
anderer Leute zu stellen. Was er selbst mit seinem Bart tut, ist
seine Privatsache. Gefragt ist nur, was er im Rahmen seiner be-
ruflichen Tätigkeit tut. Und da rasiert er eben wirklich, ohne
jeden inneren Widerspruch, alle und nur die Kunden, die sich
nicht selbst rasieren.

Entsprechend ist nun auch das Lügner-Paradox ohne weiteres auflösbar. Wir müssen es nur entsprechend dem Nebeneinander von Berufsfunktion und Privatleben des Barbiers in zwei
Stufen zerlegen. Die zweistufige Aussage: „Der folgende Satz ist
wahr: ,Ich lüge immer.'" ist nicht paradox. Denn hier kann der
(für sich in , ' stehende) objektsprachliche Nachsatz nicht auch
den (außerhalb der , ' stehenden) metasprachlichen Vordersatz

selbst umfassen. Der Vordersatz (der Privatsphäre des Barbiers vergleichbar), nämlich die metasprachliche Aussage: „Der folgende Satz ist wahr: . . .“ steht in jedem Falle außerhalb dessen, was im Nachsatz ausgesprochen wird (der Berufssphäre des Barbiers vergleichbar). Es muß einem Kreter erlaubt sein, gewissermaßen in seiner Eigenschaft als Beobachter oder Wissenschaftler eine wahrheitsgemäße Meta-Aussage über das gewöhnliche Verhalten seiner selbst und seiner Landsleute zu machen.

In der Sprache der Mengentheorie läßt sich das Stufen- oder Typenprinzip folgendermaßen ausdrücken:

Eine → Menge darf nicht gleichzeitig Element ihrer selbst sein, also der sich selbst rasierende Barbiet nicht Element der Menge der Personen, die er berufsmäßig rasiert, und die metasprachliche Aussage des Kreters darf nicht als Element der Menge der Kreteraussagen betrachtet werden, die dem Lügen-Verdikt unterliegen.

Wir können natürlich beliebig viele Metastufen bilden, da jeder Metasatz wieder zum Gegenstand eines Satzes der nächsthöheren Stufe gemacht werden kann.

Ein Meta-Meta-Satz wäre zum Beispiel:

>Die Aussage: „Der Satz ‚Bremen liegt an der Elbe‘ ist falsch“ ist wahr.<

Da nun aber alles, was Gegenstand einer Aussage ist, auch ein → Sachverhalt (im weitesten Sinne) sein kann, sind auch die Gegenstände von metasprachlichen, metametasprachlichen usw. Aussagen eben Sachverhalte – also die Wahrheit des Satzes, daß der Satz, daß Bremen an der Elbe liege, falsch sei.

Axiom

(gr. axíōma ‚Geltung, Würde‘ von áxios ‚aufwiegend, würdig, wert‘; dies wiederum von ágō ‚führen, ziehen, wiegen‘; lat. ą̈go gleichbedeutend)

Unter einem Axiom versteht man einen „ersten Satz“ oder „Anfangssatz“, aus dem durch Ableitungsschritte stufenweise weitere Sätze abgeleitet werden können. Diese Ableitungsschritte als solche sind „verstehbar“, weil sie auf einsichtigen Operationen beruhen. Ob hingegen der erste Satz, also das Axiom, seinerseits verstehbar ist, kann zunächst offen bleiben.

Klassische Beispiele für „Axiome" sind die von Euklid aufge-
stellten Sätze zur Geometrie, etwa das bekannte „Parallelen-
axiom": „Zu einer gegebenen Geraden kann es durch einen nicht
auf ihr selbst liegenden Punkt nur *eine* Parallele geben." Dieses
Axiom wird zum Beispiel stillschweigend angewendet, wenn
man die Winkelsumme im Dreieck deduktiv, das heißt allgemeingültig beweisen will, denn hierfür muß man durch eine
Dreiecksspitze eine Parallele zur gegenüberliegenden Seite ziehen.

Axiome für die Arithmetik wurden erst Ende des 19. Jahrhunderts von Peano aufgestellt. Das erste und das dritte dieser
Peano-Axiome ergeben, kombiniert, die Aussage: „Null ist die
erste natürliche Zahl."

An dieser Stelle tritt aber bereits ein für die Frage nach dem
Axiom typisches Problem auf. Manche Autoren setzen nämlich an die Stelle der Null die Eins. Hier wird deutlich: Was
man als die erste natürliche Zahl ansehen soll, liegt offenbar
nicht fest. Man kann die Null, aber auch die Eins nehmen.

Dies illustriert die vielfach vertretene Ansicht: „Ein Axiom
braucht selbst gar nicht einsehbar, einleuchtend oder ‚evident'
zu sein. Es genügt, daß man aus ihm Ableitungsschritte vornimmt, die als solche allerdings einsehbar sind und sein müssen." Es kommt also nicht darauf an, daß wir verstehen, ob
und warum nun die 0 oder die 1 an den Anfang gesetzt wird –
wir sollen vielmehr eine bestimmte Formulierung der Peano-
Axiome einfach hinnehmen und damit weiterrechnen.

Dem entgegen setzt der → Konstruktivismus die Auffassung, daß man – in diesem Fall für den Aufbau der Arithmetik
– keine Axiome braucht, sondern daß man das Zahlensystem
aus dem *Selberherstellen* (Konstruieren) der Zahlen entwickelt,
beginnend mit einer simplen Strichliste, wie sie etwa der Kellner auf den Bierdeckel notiert, um die Zahl der gelieferten
Biere festzuhalten.

Bedeutung
(abgeleitet von deuten; dies wiederum von ahd. diot ‚Volk' [hiervon auch:
deutsch, Dietrich u. a.]; eigentlich also ‚dem [versammelten] Volk verständlich machen'; engl. meaning)

Die Bedeutung ist das, was ein Wort zu verstehen gibt. In der Alltagssprache ergibt sich die Bedeutung von Wörtern von selbst durch ihren Gebrauch in praktischen Situationen: „Gib mal das Brot rüber."

Die Bedeutung eines Wortes kann aber auch ausdrücklich gelehrt werden.

1. Man zeigt auf ein Ei und sagt dazu: „Ei."

2 a. → Prädikatoren-Abgrenzungen können durch Zeigen verdeutlicht werden: „Das ist ein Bach, ein Fluß, ein Strom."

2 b. Auch Oberbegriffe können durch Zeigen gelehrt werden: Man zeigt auf eine Birke, eine Fichte, eine Buche, eine Kiefer und sagt jedesmal: „Dies ist ein Baum." Entsprechend ist auch durch bloße Aufzählung von Beispielen möglich: „Ein Baum ist zum Beispiel die Birke, die Fichte, die Buche, die Kiefer."

3. Abstrakte Begriffe können ebenfalls durch Beispiele erläutert werden; so etwa der juristische Begriff „Gefährdungshaftung" durch folgenden Fall: Ein bisher immer friedlicher Hund greift unerwarteterweise einen Passanten an. Der Halter des Hundes haftet trotzdem, weil jeder Hund möglicherweise gefährlich sein kann; auf ein Verschulden des Halters im Einzelfall (etwa: Herumlaufenlassen eines bekannt bissigen Hundes) kommt es gar nicht an. – Entsprechendes gilt für den Halter eines Autos oder für einen Betreiber einer chemischen Fabrik – was nun nicht mehr näher erläutert werden muß.

Ähnliches gilt für einen relativ abstrakten Alltagsbegriff wie „Obst" (→ Beispiel).

Die drei Termini Bedeutung, → Begriff und Wort stehen in folgendem Zusammenhang: Ein Begriff ist die Bedeutung eines Wortes, und umgekehrt: Die Bedeutung eines Wortes ist der Begriff, den das Wort uns zu verstehen gibt.

Bedeutungslehre

(gr. Semasiologie, von sēmaíno ‚ein Zeichen geben', dies von sēma ‚Zeichen'; → Semiotik)

Die Bedeutungslehre ist keine Disziplin der Logik oder Wissenschaftstheorie, sondern der → Sprachwissenschaft und der → Hermeneutik. Sie hat es nicht mit der → Prädikation zu tun, deren Gegenstände, die → Prädikatoren, immer schon Ergebnis eines → Abstraktionsvorganges sind, sondern mit bestimmten Wörtern und deren Bedeutungsentwicklung in sprachgeschichtlicher und hermeneutischer Betrachtung. So bedeutete das Wort „Graf" im Frühmittelalter soviel wie ‚Beamter', erst später ‚erblicher Adelstitel von bestimmtem Rang'. Oder „villa" bedeutete im Altertum ‚Landhaus', im Mittelalter ‚Herrenhof' im Sinne einer „Grundherrschaft" und in der Neuzeit soviel wie ‚großes Einfamilienhaus mit Wohnräumen für Dienerschaft, oft auf dem Grundstück einer Fabrik'.

Das klassische Beispiel für einen vielstufigen Bedeutungswandel eines Wortes ist „bureau". Dieses Wort bezeichnete zunächst einen Stoff, dann einen Tisch, der mit dem Stoff bespannt war (der sprichwörtliche „grüne Tisch"), danach den Raum, in dem dieser Tisch stand, dann die Personen, die in diesem Raum arbeiteten, und schließlich die Institution, der die Arbeit dieser Personen gewidmet war (zum Beispiel „Internationales Flüchtlingsbüro").

Die Bedeutungslehre oder Semasiologie ist also nicht mit der logischen Disziplin der Semantik (→ Semiotik) zu verwechseln.

Bedingung

(frühnhd. eigentlich ‚rechtliche Vereinbarung', von Ding, eigentlich ‚Gericht'; Übersetzung von lat. condicio ‚Vereinbarung, Bedingung', von condicere ‚gemeinschaftlich sagen, vereinbaren')

Eine Bedingung formuliert einen Sachverhalt, der in bestimmter Weise Voraussetzung für einen anderen Sachverhalt ist.

Der Bedingungssatz wird durch die Konjunktion „wenn" oder „falls" eingeleitet. In der → Aussagenlogik tritt die Bedingung in drei Formen auf: „Immer wenn" (hinreichende Bedingung), „nur wenn" (notwendige Bedingung) „immer und nur wenn" (hinreichende und notwendige Bedingung). Beispiele:

1. „Immer wenn es regnet, wird die Straße naß". Damit die Straße naß wird, reicht es hin, daß es regnet; aber der Regen ist für das Naßwerden der Straße nicht notwendig – sie kann auch naß werden durch Wassersprengen oder durch Scheuern mit Wasser.

2. „Nur wenn es schneit, laufe ich Ski." Der Schnee ist eine notwendige Bedingung für das Skilaufen, ohne ihn geht es nicht; aber der Schneefall ist für mein Skilaufen nicht hinreichend – ich muß außerdem auch Skifahren können, und wenn ja, auch Zeit und Lust dazu haben.

3. „Immer und nur wenn heute Dienstag ist, ist morgen Mittwoch." Hier sind die Bedingung und Folge genau aufeinander bezogen, weil der Mittwoch immer auf den Dienstag folgt und weil er außerdem auch nur auf den Dienstag folgen kann.

Definiert (→ Definition), das heißt auf einfachere Termini zurückgeführt, kann die logische Figur der Bedingung nur werden, indem man sie in mehrere Sätze zerlegt. „Wenn es regnet, wird die Straße naß" läßt sich dann auf Sätze mit „und" und „und nicht" zurückführen: „Es regnet, und die Straße wird naß" oder

„Es regnet nicht, und die Straße wird naß" oder

„Es regnet nicht, und die Straße wird nicht naß" – aber *nicht:*

„Es regnet, und die Straße wird nicht naß".

Der scheinbar nicht dazu passende zweite Satz deckt die Möglichkeit ab, daß bei der „immer wenn"-Beziehung (anders als bei „nur wenn"!) nicht ausgeschlossen werden kann, daß die Straße auch durch etwas anderes als Regen naß wird.

Ähnlich bei „Wenn es schneit, laufe ich Ski" – nur daß hier der Satz „Es schneit nicht, und ich laufe Ski" ausgeschlossen wird. Ein Satz wie „Immer wenn es regnet, wird die Straße naß" legt es nahe, die Bedingung mit der Ursache gleichzusetzen. Dies ist nicht möglich. Denn wie das „wenn" und seine Definition durch vier Sätze, in denen nur „und", „oder" und „nicht" vorkommen, zeigt, *muß* der in der Bedingung formulierte Sachverhalt ja *nicht* eintreten. Das Eintreten einer Bedingung muß vielmehr durch eine besondere logische Operation erst *gesetzt* werden, nämlich durch den sogenannten „modus ponens". Dies ist ein dreigliedriger Schluß, der so lautet: „Immer wenn a, dann b. – Nun aber a. – Also b."

Der Modus ponens ist nur scheinbar eine Tautologie, wie der Laie zu meinen geneigt ist: „Da b auf a eintreten soll, ist es doch selbstverständlich, daß b eintritt." Das Entscheidende ist: Die Bedingung muß erst *erfüllt* sein – wie bei einer Ware, die nur gegen Vorauszahlung oder Nachnahme ausgehändigt wird.

Der Unterschied ist also folgender: Beim Ursache-Wirkungs-Verhältnis muß die Ursache schon gegeben sein. Der Physiker sieht, daß es regnet (Ursache), und stellt fest, daß die Straße dadurch naß wird (Wirkung). Oder umgekehrt: Der Physiker sieht, daß die Straße naß geworden ist, und forscht nun nach der Ursache: Regen oder etwas anderes?

Der Logiker interessiert sich jedoch nicht für den physikalischen Vorgang, sondern nur dafür, welche Verknüpfungen jeweils in Frage kommen und welche nicht. Dies um so mehr, als es der Logiker oft mit scheinbar sinnlosen Verknüpfungen zu tun hat, etwa: „Immer wenn der Himmel grün ist, ist zweimal zwei vier."

Wohlgemerkt: Scheinbar sinnlos sind nur diese Verknüpfungen zweier Sätze – nicht etwa auch die Sätze in sich. Hier kommt es sehr wohl auf ihren inhaltlichen Wahrheitswert an. „Blau" und „vier" sind inhaltlich wahr, „grün" und „fünf" sind inhaltlich falsch (→ Junktorenlogik).

Begriff
(mhd. begrif, Übersetzung von lat. conceptus; auch lat. notio; gr. lógos, énnoia)

Eigentlich die Erfassung eines Gegenstandes durch ein Wort. Die frühere philosophische und heutige laienhafte Bedeutung von „Begriff" ist die vorsprachliche Vorstellung von etwas, zum Beispiel der „Begriff des Dreiecks". Eine andere – nach der entgegengesetzten Seite hin nicht korrekte – Auffassung von „Begriff" wäre die Gleichsetzung mit einem bestimmten Wort: „Der Begriff ‚Hypotenuse'", wenn das *Wort* „Hypotenuse" gemeint ist.

Nach heutiger logisch-wissenschaftstheoretischer Auffassung ist ein Begriff grundsätzlich an ein Wort gebunden, also nichts Vorsprachliches. Andererseits aber ist ein Begriff kein *bestimmtes* Wort. Vielmehr ist auch der Begriff das Ergebnis einer → Abstraktion: ein Begriff ist das, was gleich bleibt,

wenn ich verschiedene füreinander einsetzbare Wörter benut-
ze. Oder: Ein Begriff ist das, was alle sprachlichen Ausdrücke
darstellen, die füreinander stehen können.

Füreinander stehen können:

1. Wörter mit gleicher Bedeutung innerhalb einer Sprache,
also Synonyma: Kraftwagen = Auto; Teiler = Divisor.

2. Einander entsprechende Wörter in verschiedenen Sprachen: Stockwerk = floor; Pferd = equus = horse.

3. Die beiden Seiten einer → Definition: Schimmel = weißes
Pferd; Hypotenuse = längste, dem rechten Winkel gegenüberliegende Seite eines rechtwinkligen Dreiecks.

Synonyma, Übersetzungswörter und Definitionsseiten stellen also jeweils den gleichen Begriff dar. Der Begriff ist in einem bestimmten Wort repräsentiert, aber er ist mehr als dieses
Wort, da er auch durch andere Ausdrücke wiedergegeben werden kann.

Behaviorismus
(zu engl./amerik. behavio(u)r ‚Betragen, Verhalten‘)

Der Behaviorismus ist eine psychologische Theorie, nach
der man nur das erkennen kann, was sich aus dem äußeren
Verhalten des Menschen ablesen läßt. Er sagt etwa:

Was der einzelne Mensch für sich in seinem Innern erlebt
und fühlt, kann nicht Gegenstand der Psychologie als Wissenschaft sein, da man darüber viel fabulieren kann. Was in einem
Menschen vorgeht, können andere Menschen nicht beobachten. Infolgedessen ist es nicht intersubjektiv prüfbar.

Gegenstand der psychologischen Forschung kann daher nur
jene betrachtete seelische Äußerung des Menschen sein, die für
andere Menschen, für Meßgeräte und sonstige außerhalb des
Subjekts liegende Instanzen zugänglich ist. Der Psychologe kann daher nur das von außen wahrnehmbare Verhalten des Menschen beobachten. Die Verbindung zwischen diesem beobachtbaren Verhalten des Menschen und dem, was
möglicherweise in ihm vorgeht, muß daher, wie in den anderen analytischen Wissenschaften auch, durch die Anwendung von → operationalen Definitionen einerseits und von

theoretischen → Konstrukten andererseits hergestellt werden.

„Liebe" etwa ist hiernach ein bloßes Konstrukt, nicht etwas direkt Beobachtbares; „Liebe" muß daher operational definiert, das heißt in Begriffe für beobachtbare Gegenstände umgesetzt werden.

Daher wird der behavioristische Psychologe sagen: Ob ein Mensch „verliebt" ist, kann ich nicht direkt, sondern nur mit Hilfe beobachtbarer Indizien feststellen, wie etwa physischer (Erröten, schnellerer Puls) oder sozialer (häufiges Zusammensein zweier Personen verschiedenen Geschlechts, Hand in Hand gehen). Je nach dem Ausmaß dieser Indizien (auch im Vergleich verschiedener beobachteter Individuen) könnten wir dann etwa auch eine schwächere oder stärkere Verliebtheit feststellen.

In der Soziologie und Psychologie begegnen wir jedoch auch einer ganz anderen Möglichkeit, seelische Vorgänge im Menschen aufzufassen, nämlich der → Introspektion.

Beispiel

(mhd. bîspel ,das Hinzugesagte' [vgl. engl. spell; gospel aus godspell]; anderer Herkunft als „Spiel"; diesem Wort nur volksetymologisch angeglichen; gr. parádeigma ,das Hinzugezeigte'; lat. exemplum ,das Herausgenommene' von eximere ,herausnehmen')

Alle drei Wörter weisen auf das Gleiche hin: Ein einzelner Sachverhalt wird zur Verdeutlichung eines allgemeinen, abstrakten, für sich allein schwer verständlichen Gegenstandes oder Zusammenhanges angeführt.

Vielfach wird geglaubt, das Beispiel sei nur einerseits ein rhetorisches Kunstmittel, um eine Darstellung interessanter zu machen, oder andererseits lediglich ein pädagogischer Kunstgriff, um unter bewußtem Verzicht auf Vollständigkeit der Darstellung eines ganzen Sachgebietes nur an ausgewählten Punkten ein Verständnis zu vermitteln („exemplarisches Lernen").

In Wahrheit ist, wie vor allem Kamlah und Lorenzen in der „Logischen Propädeutik" gezeigt haben, das Arbeiten mit Beispielen und Gegenbeispielen eine wissenschaftlich-logische Methode, um einzelne Wörter oder auch ganze Sachverhalte einzuführen und zu klären. Das Nennen von Beispielen kann einerseits die vorhergehende Stufe des Zeigens von Gegenständen ersetzen, andererseits aber auch die höhere Stufe des allgemeinen Definierens oder Ableitens.

Zum Beispiel (das heißt also: Anwendung des Beispiel-Prinzips innerhalb der Erläuterung des Beispiel-Begriffes selbst!): Was „Obst" ist, kann man durch einfache Aufzählung von Beispielen für „Obst" und „Nicht-Obst" klären: „Obst" sind zum Beispiel Äpfel, Birnen, Apfelsinen, Zitronen, Pfirsiche, Pflaumen, Kirschen, Weintrauben, Erdbeeren, Himbeeren. Als „Obst" kann man aber auch den Rhabarber betrachten. „Nicht-Obst" sind Kartoffeln, Tomaten, Gurken, Erbsen. Aber selbst der Kürbis ist, mit Essig, Zucker, Nelken, Zimt eingelegt, so etwas wie „Obst".

Aus diesen Beispielen läßt sich durchaus eine allgemeine Bestimmung des Begriffes „Obst" ableiten: wasserreich, „frisch", sauer oder süß, in keinem Fall aber dem Salzigen zugeordnet, sich größtenteils mit den Bereichen der Strauch- und Baum-„Früchte" überschneidend, aber unter Einbeziehung von wasserreichen Pflanzen anderer Art, die sich wie Obst zubereiten lassen, wie eben Rhabarber oder Kürbis.

Dieses Lexikon hat es sich zur Aufgabe gemacht, jeden besprochenen Begriff durch Beispiele zu erläutern.

Beobachtung

Ein astronomisches Beispiel: Wir beobachten viele Nächte hindurch den Sternhimmel. Hierbei stellen wir folgendes fest.

1. Die Sterne bewegen sich, so wie Sonne und Mond, innerhalb einer Nacht scheinbar von Osten nach Westen: In 24 Stunden umrunden sie den Himmel einmal und erscheinen an der gleichen Stelle wieder.

2. Über mehrere Wochen und Monate hinweg beobachtet, sieht der Sternenhimmel nicht an jedem Tag zur gleichen Uhrzeit gleich aus, sondern der gleiche Sternenstand kehrt an jedem Tag ein paar Minuten, in der Woche eine halbe Stunde, im Monat zwei Stunden früher wieder.

Die Sterne untereinander verändern ihre Stellung jedoch nicht. Bestimmte Sternbilder (Konstellationen) bleiben immer erhalten. Sie erscheinen wie helle Punkte, die an die Innenseite einer schwarzen Kugel gemalt sind, in deren Innern wir uns befinden und die sich im ganzen um uns bewegt. Diese Sterne heißen daher „Fix"sterne – an die Himmelskugel „angeheftete" Sterne.

3. Wir stellen jedoch fest, daß es auch einzelne, meist sehr helle und auffällige Sterne gibt, die ihre Stellung gegen den in sich starren Fixsternhintergrund dauernd ändern, die also nicht nur die allgemeine Bewegung der Himmelskugel mitmachen, sondern darüber hinaus *eine* Eigenbewegung gegen den Fixsternhintergrund haben. Diese Bewegung kann man gut verfolgen, indem man den jeweiligen Stand dieser Sterne in eine Fixsternkarte einzeichnet. Diese beweglichen Sterne nannte man „Wandelsterne" oder „Planeten"; ursprünglich also nicht, weil sie „tatsächlich" um die Sonne kreisen, sondern weil sie sich „scheinbar" gegen den Himmelshintergrund verschieben.

Die Wege der Planeten vor dem Fixsternhintergrund sind nicht immer nur gerade Linien, sondern bilden oft Zickzacklinien oder Schleifen. In der Regel laufen alle Planeten von rechts nach links („rechtläufig"), manchmal jedoch auch von links nach rechts („rückläufig").

Was wir beobachtet haben, sind → Erscheinungen. Aus Beobachtungen solcher Art können dann die Naturwissenschaften auf indirektem Wege die Sachverhalte erschließen, die hinter den Erscheinungen stehen.

Den Arbeiten Kopernikus', Galileis, Keplers und anderer verdanken wir nun folgende Erklärungen unserer Beobachtungen (das heißt also: die Beschreibung der dahinter stehenden Sachverhalte in Form von→ Hypothesen und → Theorien):

1. Die Erde dreht sich in 24 Stunden (von Westen nach Osten) einmal um sich selbst. Da diese Tagesbewegung die schnellste Bewegung ist, überdeckt sie alle anderen – im folgenden zu nennenden – Bewegungen.

2. Die Erde bewegt sich – als ein „Planet" unter anderen – in einem Jahr einmal um die Sonne. Insofern erscheint die Sonne

jeweils vor einem anderen Himmelshintergrund, so daß der
Sternhimmel sich gegen die Sonne von Monat zu Monat um
zwei Stunden verschiebt.

3. Die scheinbaren, zum Teil sehr seltsamen Bewegungen
der Planeten vor der Kulisse des Sternhimmels erklären sich
durch die Addition der Eigenbewegungen dieser Planeten und
der Bewegung der Erde selbst um die Sonne. Daß die scheinbaren Bahnen der Planeten nicht einfache Geraden sind, auf denen sie lediglich hin- und herfahren, sondern Zickzackbahnen
und Schleifen, erklärt sich dadurch, daß die Bahnen der Planeten zwar alle ungefähr in der gleichen Ebene liegen, aber doch
ein wenig gegeneinander geneigt sind. (→ Methoden, empirische)

Beweis
(17. Jh. von mhd. bewîsen ‚zeigen‘; gr. apódeixis; lat. demonstrạtio ‚Zeigen,
Beweis‘)

Ein gegebener komplizierter Satz, eine Behauptung wird
bewiesen, indem man den gegebenen Satz aus vorangegangenen einfacheren Sätzen ableitet. Der Vorgang des Beweisens
widerspricht also eigentlich der „natürlichen" Richtung des
Denkens, denn wie kann ich den komplizierteren Satz schon
kennen, wenn ich ihn aus vorauszusetzenden einfachen Sätzen
erst ableiten muß? Die Existenz des „Beweis" genannten Ver-
fahrens erklärt sich daher lediglich aus der Praxis des Denkens oder Redens.

In einem Gerichtsverfahren behauptet eine Partei etwas und
tritt dann den Beweis dieser Behauptung an. In der Mathematik entsteht die Notwendigkeit, etwas zu beweisen, sehr häufig
dadurch, daß einem genialen Mathematiker eine Behauptung
oder Vermutung einfällt, die er aber unter Umständen selbst
nicht beweisen kann. Die Behauptung lebt oft noch Jahrhunderte unter seinem Namen als „X.sche Behauptung" oder
„Vermutung" fort, bis sie vielleicht bewiesen wird.

Graphisch darstellen könnte man das Beweisverfahren durch
folgende Figur:

Behauptung

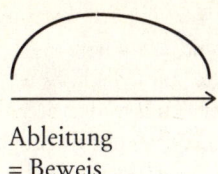

Ableitung
= Beweis

Der „natürliche" Weg wäre die Ableitung. Beim Beweis setze ich jedoch mit der Behauptung des Ergebnisses an, und muß
nun gegen die Erkenntnisrichtung an den Anfang der Ableitung zurückspringen, um Schritt für Schritt wieder zu meiner
Behauptung zu kommen.
Ein einfaches, aber in dieser Form nur angenommenes Beispiel für eine Behauptung mit nachträglichem Beweis durch
Ableitung wäre der Satz:

$$(a + b)^2 = a^2 + 2ab + b^2$$

1. Wir multiplizieren zunächst allgemein zwei Summen mit
vier verschiedenen Summanden:

$$(a + b) (c + d)$$

Hierbei gehen wir schrittweise vor.
Wir wenden den Distributivsatz für die Multiplikation einer
Summe (in Klammern) mit einer Einzelgröße doppelt an:
a. Zunächst setzen wir die zweite Summe, $c + d = C$ und
rechnen:

$$(a + b) (c + d) = (a + b)C = aC + bC)$$
(Klammerausdruck links)

b. Nun lösen wir C wieder zu $(c + d)$ auf und rechnen:

$$aC + bC = a(c + d) + b(c + d) = ac + ad + bc + bd$$
(Klammerausdruck rechts)

So kommen wir auf die allgemeine Formel für die Multiplikation zweier Summen mit verschiedenen Summanden.
2. Nun bilden wir den Spezialfall der Multiplikation einer

Summe mit sich selbst. Wir setzen also c = a und d = b und erhalten:

$$(a + b) (a + b) = (a + b)^2 = aa + ab + ba + bb$$

Da nach dem Kommutativsatz der Multiplikation ab = ba ist, wird hieraus

$$(a + b)^2 = a^2 + 2ab + b^2$$

Interessant hierbei ist, daß die Ableitung gleichsam einen Umweg geht: Obwohl wir bereits zwei gleiche Ausdrücke (a + b) haben, berechnen wir zunächst die allgemeine Formel für die vier verschiedenen Größen a, b, c und d.

Wir könnten „an sich" auch so rechnen:

$$(a + b) (a + b)$$
$$= (a + b)C = aC + bC = a(a + b) + b(a + b)$$
$$= a^2 + 2ab + b^2$$

Doch damit würden wir das Prinzip der Ableitung verletzen, nach dem wir immer vom Allgemeinen zum Besonderen schreiten müssen. Es wäre unbefriedigend, erst einen Sonderfall zu klären, bei dem es um zwei zufällig gleiche Faktoren geht. Wir wollen vielmehr den Sonderfall aus dem Allgemeinen verstehen. Hierbei spielt auch folgender Gedanke mit: Wenn wir das Allgemeine schon „nebenbei", im Laufe der Ableitung des Besonderen, abgeleitet haben, haben wir es bereits ein für alle Mal geklärt. Im umgekehrten Falle müßten wir die Sache bei Bedarf noch einmal von vorn aufrollen und nun den „komplizierteren" Weg gehen.

Bildchen

(gr. eídōlon ‚Gebilde, Bild, Bildchen' zu gr. eĩdos ‚Aussehen, Beschaffenheit')

Nach Demokrit besteht die Wahrnehmung darin, daß die Gegenstände kleine Bildchen aussenden, die auf unsere Sinnesorgane treffen. Ähnliches gilt sogar für das Denken, nur sind die Bildchen hier von „feinerer", atomarer Natur – weshalb das Denken die Wirklichkeit sogar genauer erfaßt als die Wahrnehmung: Die Atome der Dinge treffen unmittelbar auf die Atome der Seele.

Die Bildchentheorie entspringt aber nicht, wie das Grundwort eĩdos nahelegen könnte, einem → Idealismus, sondern im Gegenteil, einem rigorosen → Realismus. Die Bildchen werden von den Gegenständen selbst hergestellt und entstehen nicht etwa erst im Kopf des Wahrnehmenden.

Deduktion
(lat. deductio ‚Hinabführung, Ableitung'; griech. apagōgḗ)

Deduktion ist die Ableitung des Besonderen aus dem Allgemeinen. Gegenteil: → Induktion als Ableitung des Allgemeinen aus dem Besonderen.

Wollten wir den Satz über die Winkelsumme im Dreieck durch Induktion beweisen, so müßten wir jedes Dreieck vermessen. Da dies nicht möglich ist, bliebe der Satz auch dann unsicher, wenn wir bei jedem vermessenen Dreieck eine Winkelsumme von 180 Grad finden.

In Wahrheit wird der Beweis aber „allgemein", das heißt durch mathematische Deduktion geführt. Wir zeichnen ein Dreieck beliebiger Form und ziehen durch einen Eckpunkt eine Parallele zur gegenüberliegenden Seite. Mit Hilfe von (vorher bewiesenen) Lehrsätzen über Winkelbeziehungen können wir beweisen, daß jedes Dreieck die Winkelsumme von 180 Grad haben muß.

Eine wichtige Art der mathematischen Deduktion ist die (mißverständlich so genannte) „vollständige Induktion". Hierunter versteht man den Beweis eines Lehrsatzes mittels des Durchlaufens aller möglichen Fälle von 1 an. „Induktion" heißt das Verfahren, weil Einzelfälle betrachtet werden, und „vollständig", weil – potentiell – jeder Einzelfall berücksichtigt wird.

Ein Beispiel: Wie viele Kombinationen der Ziffern 1 und 0 lassen sich bilden, wenn wir ein, zwei, drei . . . Zeichen zu einem „Wort" zusammenstellen?

Mit einem Zeichen offenbar zwei „Wörter": nämlich 1 und 0. Da wir nun an jedes dieser beiden Zeichen wieder jedes anhängen können, ergeben sich für zweibuchstabige „Wörter" $2 \times 2 = 4$ Möglichkeiten: 11 10 01 00. Die Anzahl der dreibuchstabigen Wörter ergibt sich daraus, daß wir an jede schon vorhandene Kombination wieder 1 oder 0 anhängen können. Sie beträgt also 2 × 2 × 2 = 8: 111 110 101 100 011 010 001 000. Man sieht, das Verfahren geht immer nach der gleichen Regel weiter: Jede neue Stelle bringt eine Verdoppelung der Möglichkeiten, weil an jede bereits gebildete Kombination wieder 1 oder 0 angehängt werden kann. Es gibt $2^3 = 8$ Dreiermöglichkeiten, $2^4 = 16$ Vierermöglichkeiten und so fort.

Die Formel für ein n-buchstabiges Wort aus 2 Zeichen ist demnach $a = 2^n$.

Ein Anwendungsfall dieser Formel wäre auch: Mögliche Geschwisterfolgen bei ein, zwei, drei ... Kindern.

Das Entsprechende läßt sich auch für drei, vier ... mögliche Zeichen eines Alphabets durchexerzieren.

In der → *Logik* hat die Deduktion die Form des → Syllogismus. Es gibt „sichere" und „unsichere" Syllogismen. Für die Deduktion kommen natürlich nur die „sicheren" in Betracht. Ein ganz sicherer ist folgender:

Wenn alle Dackel Hunde sind,
und alle Hunde Säugetiere sind,
dann sind alle Dackel Säugetiere.

Graphisch:

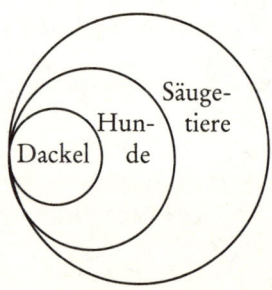

Definition

(lat. definitio ‚Begrenzung, Bestimmung'; gr. horismós; zu lat. finis ‚Grenze, Ziel, Ende'; gr. hóros; → Terminus)

Eine Definition ist die Gleichsetzung eines bisher noch unbekannten Wortes mit einer Kombination mindestens zweier bereits bekannter Wörter.

Man kann also eine Aussagenfolge niemals mit einer Definition beginnen. Denn eine Definition setzt immer voraus, daß schon bekannte Wörter da sind, mit deren Hilfe wir noch unbekannte definieren können.

Wie sollen wir also anfangen? Da zu einer Definition schon mindestens zwei bekannte Wörter gehören, müssen wir zumindest diese beiden Wörter ohne Definition und das heißt: *exemplarisch,* also durch → Beispiele, einführen.

Wir zeigen also etwa auf ein Buch und sagen: „Dies ist ein Buch".

Auf diese Weise haben wir den → Prädikator „Buch" durch ein Beispiel eingeführt.

Wir sehen: Im Alltag werden erheblich mehr Wörter direkt – durch Vorzeigen, durch Beispiele – eingeführt, als dies, strenggenommen, notwendig wäre, und zwar deswegen, weil wir die Gegenstände völlig unsystematisch kennenlernen, wie sie uns gerade begegnen. Unser Wissen von Gegenständen ist also gleichsam „redundant", insofern, als wir auch solche Gegenstände direkt, durch Vorzeigen, kennenlernen, die wir theoretisch durch eine Definition erschließen könnten.

Dies läßt sich auch beim bekannten Musterbeispiel für die Definition zeigen: „Ein Schimmel ist ein weißes Pferd." Diese Definition setzt voraus, daß wir zunächst nur die Gegenstände der Wörter „weiß" und „Pferd" kennen und dann durch die Kombination dieser Wörter lernen, was ein Schimmel ist. In Wirklichkeit lernt man einen Schimmel natürlich auch direkt kennen und braucht keine Definition.

So geht es uns auch mit vielen anderen Gegenständen. Es ist gerade die Redundanz, der Überfluß an Informationen, der uns das Leben erleichtert: wir können vieles auf mehrfache Weise lernen.

Nehmen wir nun an, wir wüßten noch nicht direkt, was ein Schimmel ist. Also definieren wir ihn durch die bereits bekannten Wörter „Pferd" und „weiß".

Eine Definition hat – genau wie eine Gleichung – zwei Seiten, eine linke und eine rechte.

Auf der linken Seite steht das Definiendum, also das zu Definierende, und auf der rechten Seite das Definiens, also das Definierende.

Definiendum	Definiens
das zu Definierende	das Definierende
kurz	lang
neu	alt
unbekannt	bekannt
unverständlich	verständlich

(Zufälligerweise enthalten alle Wörter auf der linken Seite ein „u", auf der rechten Seite hingegen nicht.)

Ähnliche Überlegungen können wir auch auf die Fachwörter, die normierten, das heißt: explizit vereinbarten Prädikatoren der wissenschaftlichen Fachsprache, also die → Termini, anwenden.

Wenn wir daher einen Terminus durch einen anderen, gleichbedeutenden, ersetzen, so kommt uns dabei zustatten, daß beide Termini normiert sein müssen und sind.

Wenn wir die „Hypotenuse" als ‚längste, dem rechten Winkel gegenüberliegende Seite des rechtwinkligen Dreiecks' definieren, so ist damit völlig sichergestellt, daß beide Seiten der Definition denselben Begriff darstellen müssen.

Definition, operationale
(zu operari ‚arbeiten, verrichten, beschäftigt sein')

Eine „operationale Definition" ist keine Definition im exakten Sinn des Wortes, sondern eine gegenseitige Zuordnung von Begriffen, deren Gegenstände keineswegs in einem exakt bestimmbaren Verhältnis zueinander stehen. Es handelt sich um die Ersetzung eines angeblich mit wissenschaftlichen Methoden nicht erfaßbaren Begriffes, eines „theoretischen Konstruktes", durch einen konkret meßbaren Sachverhalt.

Beispiele: a. Eine Ehe ist „glücklich", wenn sie mindestens zehn Jahre bestanden hat, ohne geschieden zu werden. b. Ob jemand „gebildet" ist, kann man nicht direkt feststellen, sondern nur, indem man den jeweils höchsten Schulabschluß feststellt, den die Person aufweisen kann: von der Sonderschule bis zur Hochschulbildung. c. Ob jemand eine andere Person „sympathisch" findet, kann man nicht direkt, sondern nur durch die Frage feststellen: „Angenommen, Sie haben Geburtstag und können in Ihrer Wohnung nur drei Gäste unterbringen. Welche drei Personen würden Sie einladen?"

Wie man an diesen Beispielen sieht, gehen die Erfinder des Begriffes der „operationalen Definition" von der unzutreffenden Voraussetzung aus, daß man Begriffe wie „glückliche Ehe", „Bildung" und „Sympathie" nicht als solche direkt wissenschaftlich erfassen kann. Mit phänomenologischen und hermeneutischen Methoden (→ Phänomenologie, → Hermeneutik) ist dies aber sehr wohl möglich.

Denken
(zu idg. teng- ‚denken, empfinden'; gr. noéō zu noūs; lat. cogitãre aus co-agitãre ‚etwas zusammentreiben, denken')

In der Umgangssprache und in der Psychologie ist „denken" das geistige Umgehen mit Inhalten jeder Art, auch mit solchen, die noch nicht präzisiert werden können. Gerade wer etwas grundlegend Neues „denkt" – und nur so hat sich ja die Philosophie- und Wissenschaftsgeschichte entwickelt –, hat dafür noch keine fertigen Requisiten irgendwelcher Art. Vielmehr „sieht" er plötzlich etwas ganz Neues vor sich, oft in visuellen Gebilden von ganz unbestimmter Beschaffenheit, die sich erst allmählich präzisieren. Erst wenn dies eingetreten ist, kann die neue Einsicht auch in Worte gefaßt werden – ggf. aber auch nur vorsprachlich niedergelegt, etwa gezeichnet werden.

Demgegenüber vertreten die Verfechter der Sprachanalyse die These, daß Denken nichts weiter sei als tonloses Sprechen. Jeder Gedanke sei nichts als ein unausgesprochener, aber aussprechbarer Satz. Da der Kontakt des menschlichen Individu-

ums mit der Welt der Gegenstände nur über die Sprache mög-
lich ist, könne der Mensch nichts denken, als das, was in der
→ Prädikation, also der Erfassung des Gegenstandes durch das
Wort, schon vorgegeben sei.

Selbstverständlich hat diese Auffassung für weite Bereiche
dessen, was wir als Denken bezeichnen, ihre Berechtigung.
Insbesondere wenn wir uns in vorgeprägten Bahnen bewegen,
sei es im Alltag oder in der Wissenschaft, denken wir in
sprachlichen Ausdrücken, die uns schon vorgegeben sind. In
dem Augenblick jedoch, in dem uns wirklich Neues vor-
schwebt, müssen und können wir es erst langsam dahin brin-
gen, das Neue auch in Worte zu fassen.

Dialektik
(gr. dialektikḗ (téchnē) ‚Kunst des Sichunterredens, Disputierkunst‘, zu
dialégomai ‚sich unterreden‘; [Aktiv:] dialégō ‚auseinanderlesen, durch-
sprechen‘])
   Thesis, These
   (gr. thésis ‚das Setzen, Aufstellen, aufgestellter Satz‘, zu
títhēmi ‚stellen, setzen, legen‘)
   Antithesis, Antithese
   (gr. antíthesis ‚der dagegen aufgestellte Satz‘)
   Synthesis, Synthese
   (gr. sýnthesis ‚Zusammensetzung, das Zusammengesetzte,
Übereinkunft, Vereinbarung‘)
   Die Dialektik ist die Kunst des miteinander Redens, des
Disputierens.
   Zwei Gesprächspartner sind zunächst verschiedener Mei-
nung. Sie stellen zwei entgegengesetzte Behauptungen auf, die
These und die Antithese (Gegenthese).
   Dann disutieren sie und kommen darauf, daß ihre ursprüng-
lichen Thesen sich in ihrer Einseitigkeit nicht halten lassen.
   So finden sie zu einer neuen These, der sie beide zustimmen
können: der Synthese.
   Ein Beispiel (nach Theodor Litt): A und B disutieren über
die Grundlagen der Pädagogik. A: „Der Erzieher ist wie ein
Bildhauer. Er kann das Kind formen, wie er es möchte.“

B: „Nein! Der Erzieher ist eher ein Gärtner. Er kann das Kind, wie eine Pflanze, nur hegen und pflegen, also nur das in ihm ausbilden, was in seinen Genen angelegt ist."

Die beiden streiten eine Weile und stellen fest, daß beide Auffassungen zu einseitig sind. So einigen sie sich schließlich auf eine Synthese:

„Einerseits sind im zu erziehenden Menschen bestimmte Dispositionen gegeben. Der Erzieher kann daher nicht – wie der Bildhauer – aus jedem Menschen alles machen. Andererseits aber bieten diese gegebenen Dispositionen einen Spielraum, innerhalb dessen der Erzieher – anders als der Gärtner – die Eigenschaften des Individuums beeinflussen kann."

Die Dialektik entstand im alten Griechenland und zählte im Mittelalter zum allgemeinen Lehrkurs der „Septem artes liberales" (Sieben Freien Künste), wo sie zur Unterstufe, dem Trivium, gehörte.

Zu einem philosophischen System ausgebaut wurde das dialektische Prinzip durch Hegel, wo es als durchgehendes Dreischritt-Schema in der Gliederung erscheint.

Auch die Weltgeschichte sieht Hegel in einem dialektischen Schema: Der Orient als These, die Antike als Antithese, das Christentum als Synthese.

Zu einem anderen dialektischen Schema kommt dann Marx, der vier Gesellschaftsstufen annimmt: die Sklavenhalter-, die feudale, die kapitalistische und die kommunistische Gesellschaft. Alle diese Stufen sind von Dialektik von Produktionsverhältnissen und Produktivkräften bestimmt. Ihre Synthese bildet jeweils die neue Stufe heraus. Auf ihr wird diese Synthese, in Gestalt der nun neugeschaffenen Produktionsverhältnisse, ihrerseits zur neuen These, die sich wiederum mit der Antithese in Gestalt der nunmehrigen Produktivkräfte auseinanderzusetzen hat, bis in der letzten Synthese, der klassenlosen Gesellschaft, alles zur Ruhe kommt.

Eigenname
Ein Eigenname – gleichbedeutend in Alltag und Wissenschaft – ist ein sprachlicher Ausdruck, den wir jeweils einem einzigen

Gegenstand eindeutig zuordnen können. Statt „diese Person"
können wir sagen: „Peter". Beim Telefonieren sagen wir statt:
„Die Person, die hier neben mir steht, läßt schön grüßen" einfach: „Sabine läßt schön grüßen".

Gegenbegriff: → Prädikator. Dieser kann beliebig vielen
Gegenständen zugeordnet werden.

Nun heißen zwar viele Menschen Peter oder Sabine. Solange
es in meinem Bekanntenkreis aber nur eine Person dieses Vor-
namens gibt, ist er trotzdem eindeutig. Andernfalls mache ich
ihn durch Zusätze eindeutig: Peter Müller, Hans F. Müller,
Hans R. Müller, Rechtsanwalt Müller II, Abgeordneter Mül-
ler-Neustadt.

Eigennamen haben auch den Vorteil, daß sie Prädikatoren ersetzen können. Das heißt: Wir brauchen einem Gegenstand, den wir vor uns sehen, überhaupt keinen Prädikator zu-
zusprechen, sondern können ihm einfach einen Eigennamen
geben.

Eigenschaft

(lat. proprietas ‚Eigentümlichkeit', zu proprius ‚das, was einem nahe
[prope] ist'; attributum ‚das Zugeteilte', zu attribuere; qualitas ‚die Wie-
Beschaffen-heit' (gr. poiótēs) von qualis wie beschaffen (gr. poῖos)
‚Beschaffenheit, Eigenschaft, Qualität')

Der Begriff der „Eigenschaft" läßt sich unmittelbar aus dem
Begriff des → „Prädikators" ableiten. Die Eigenschaft ist das,
was einem Gegenstand durch einen Prädikator zugesprochen
wird: Der Baum ist dick = der Baum hat die Eigenschaft
„dick". (→ Relation)

Einheitswissenschaft

(engl. unified science; aus lat. unus ‚eins' und facere ‚machen')

Ein im Bereich der analytischen Philosophie in den dreißiger
Jahren des 20. Jahrhunderts entwickeltes Programm, das den
einheitlichen Aufbau aller Wissenschaften forderte, und zwar
nach der naturwissenschaftlichen Methode.

Diese Konzeption ist von erstaunlicher Naivität – man würde eher erwarten, daß sie von einem sechzehnjährigen physik-

begeisterten Gymnasiasten stammte. Ihr grundlegender Irrtum
besteht darin, daß es eben keine einheitliche, alle Wissenschaftsbereiche umfassende → Methode gibt, sondern daß den
verschiedenen Bereichen des Wissenschaftskosmos auch jeweils verschiedene Methoden zugeordnet sind.

Enzyklopädie

(aus dem antiken enkýklios paideía, [etwa: ‚kreisförmige Bildung‘; lat. orbis
doctrinae ‚Kreis der Gelehrsamkeit‘] bildeten die Humanisten das Wort
[en]kykliopaideía)

Der „orbis doctrinae" war etwa gleichbedeutend mit den
„septem artes liberales", den „Sieben Freien Künsten", also
dem Bildungskanon des Mittelalters, bestehend aus Grammatik, Rhetorik, Dialektik („trivium", später „humaniora"),
Arithmetik, Geometrie, Astronomie, Musiktheorie („quadrivium", später „scientiae"). Diese sieben Fächer bildeten dann
auch den allgemeinbildenden Kursus der „Artistenfakultät"
(nach den artes), aus der später die „philosophische" Fakultät
wurde, die (zunächst) die Geisteswissenschaften und die Naturwissenschaften (jeweils dem alten trivium und quadrivium
entsprechend) in sich schloß.

„Enzyklopädie" meint also die systematische Darstellung
der Lehrinhalte, seit etwa dem 18. Jahrhundert vor allem die
Niederlegung dieser Darstellung in umfassenden Buchveröf-
fentlichungen. Einen Höhepunkt bildet die französische „En-
cyclopédie" von Diderot und d'Alembert (1751–1780). Große
deutsche Enzyklopädien sind der Zedler (1732–1754) und der
Ersch-Gruber (1818–1889); die Encyclopaedia Britannica erschien erstmals 1768–1771.

Im 19. Jahrhundert und in der ersten Hälfte des 20. Jahrhunderts herrschte das „Konversationslexikon" (‚Wörterbuch
zum Mitreden‘) (Brockhaus, Meyer), während man jetzt wieder „Enzyklopädie" vorzieht; eine feste Grenze zwischen der
„wissenschaftlichen" Enzyklopädie und dem „populären"
Konversationslexikon läßt sich gar nicht ziehen. Vor allem seit
dem 19. Jahrhundert gibt es zahlreiche wissenschaftliche Enzyklopädien für einzelne Fächer. All diese Fachenzyklopädien

zusammen könnte man als so etwas wie eine Enzyklopädie der gesamten Wissenschaften betrachten.

Die Abgrenzung zwischen den Begriffen „System" (im Sinne von ‚Zusammenordnung menschlichen Wissens', ‚Systematik') und „Enzyklopädie" könnte man etwa so fassen: Beide beziehen sich auf eine sinnvolle Ordnung des Wissens. Der Unterschied liegt darin, daß das System (die Systematik) nur das Gerüst der Bereichsgliederung bietet, während die Enzyklopädie die inhaltliche Ausfüllung dieses Rahmens durch die Sachdarstellung leistet.

Erfahrung

(von er-fahren, eigentlich ‚durch Fahren [= Wandern, Reisen] lernen'; als Übers. von gr. empeiría ‚Fertigkeit, Kenntnis, Erfahrung' [zu peīra ‚Versuch, Wagnis, dadurch erlangte Erfahrung']; lat. experientia [gleichbedeutend und sprachverwandt])

Erfahrung ist im doppelten Sinne eine wichtige Grundlage der Erkenntnis. Im Bereich der induktiven Methode (→ Induktion) stellt sie das Material bereit, aus dem durch induktive Schlüsse Erkenntnisse gewonnen werden können. Hier tritt die Erfahrung in zweierlei Gestalt auf.

Zunächst einmal als Beobachtung von Sachverhalten, die vom Menschen nicht beeinflußbar sind und die er daher nur so wahrnehmen kann, wie sie nun einmal ablaufen. Klassisches Beispiel: die Beobachtung in der Astronomie. Hier geht es um jeweils einmalige Situationen (Konstellationen), die, so wie sie gerade ablaufen, zur Grundlage von Schlüssen gemacht werden müssen.

Der Gegenbegriff zur Beobachtung ist das Experiment. Hierbei wird die Natur in wiederholbare Abläufe gezwungen, die dann nicht nur zu beliebiger Zeit studiert, sondern auch variiert werden können, so daß die Modifikation der Ursache(n) mit der Modifikation der Wirkung(en) in Beziehung gebracht werden können. Beispiel: Ein Fall-Experiment kann beliebig oft wiederholt werden, wobei auch die Umstände beliebig variiert werden können. Gegenstände verschiedener Größe und verschiedenen spezifischen Gewichts können verwendet werden, der Fallraum (Röhre) kann evakuiert werden und so fort.

Beobachtung und Experiment sind auch im Bereich der Sozialwissenschaften möglich. Man kann Menschen nicht nur in ihrem Verhalten – so wie es ist – registrieren, sondern kann sie auch in Aufgaben und Versuche aller Art einbeziehen.

Im Bereich der hermeneutischen Methode (→ Hermeneutik) ist die eigene Lebenserfahrung des Forschenden die unentbehrliche Grundlage seiner wissenschaftlichen Arbeit. „Verstehen" kann man nur Sachverhalte, die man in ähnlicher Weise selbst erfahren hat. Probleme der Ehe kann nur jemand beurteilen, der selbst verheiratet ist oder war. „Erfahrung" meint hier kein kanalisiertes Verfahren, sondern das Durchleben der jeweiligen, nicht fest zu umgrenzenden Lebenswirklichkeit.

Erkenntnis
(zu: erkennen, eigentlich ‚wissen machen'; gr. epistếmē ‚Kenntnis, Erkennen'; lat. cognitio)

Erkenntnis ist soviel wie „Wissen", „Verstehen" im weitesten Sinne. Sie ist also nicht etwa auf die Wahrnehmung beschränkt, wie der Alltagssprachgebrauch nahegelegt: „Es war so neblig, daß man nicht einmal das Nachbarhaus erkennen konnte." „Erkennen" bedeutet auch das theoretische Erfassen etwa eines apriorischen Sachverhaltes; zum Beispiel der Summe der arithmetischen Reihe durch den kleinen Gauß. „Erkennen" im wissenschaftlichen Sinne ist also eher mit dem einfachen Wort „kennen" bzw. „kennenlernen" gleichzusetzen.

Erkenntnistheorie
Das *Wort* wurde erst im 19. Jahrhundert geprägt; die Sache gibt es etwa seit dem 17. Jahrhundert, mit dem Beginn der modernen rationalistisch/empiristischen Philosophie. Nachdem Antike und Mittelalter sich im wesentlichen mit dem „Sein" der Dinge beschäftigt hatten, tritt nun die Frage in den Vordergrund, wie das Verhältnis zwischen den Dingen, wie sie „an sich" sind, und dem, was wir von ihnen „erkennen", beschaffen sei. Erst jetzt ist es möglich, von einer Erkenntnisrelation zu sprechen, die das erkennende → Subjekt dem zu erkennen-

den → Gegenstand oder → Objekt gegenübergestellt, wie Nicolai Hartmann es anschaulich dargestellt hat.

Demnach unterscheiden wir am Erkenntnisobjekt drei Bereiche: das, was wir schon erkannt haben; das, was wir grundsätzlich erkennen *können,* aber noch nicht erkannt haben; und schließlich eine Sphäre des Unerkennbaren.

Seit einigen Jahren macht die sogenannte „evolutionäre" Erkenntnistheorie von sich reden. Sie wurde vor allem von Biologen wie Konrad Lorenz entwickelt und vertritt die These, daß sich das menschliche Erkenntnisvermögen im Zuge der allgemeinen biologischen Evolution im Sinne Darwins ebenfalls in bestimmter Weise entwickelt habe.

Diese ganze Konzeption ist von vornherein verfehlt, da sie übersieht, daß die Inhalte menschlichen Denkens zwar von der biologischen Existenz des menschlichen Individuums abhängig, inhaltlich aber selbständig sind. (→ Kategorien, → Ontologie, → Realismus)

Davon abgesehen, interessiert es die Philosophie als solche nicht, wie der Mensch auf früheren Entwicklungsstufen gedacht haben könnte; dies ist allenfalls ein Problem der historischen Psychologie oder Physiologie.

Erklärung

Die Begründung einer Erscheinung durch eine → Hypothese oder durch ein → Gesetz. Beispiel: Die scheinbaren Bewegungen der Planeten vor dem Himmelshintergrund werden durch die Hypothese des Sonnensystems, das heißt der konzentrischen, kreisähnlichen Ellipsenbewegungen der Planeten um die Sonne in bestimmten Entfernungen und Umlaufszeiten erklärt.

Erklärung ist also zunächst ein Terminus des induktiven Methodenbereiches. Im weiteren Sinne kann man aber auch im Bereich der Deduktion, etwa der Mathematik, von „Erklärung" sprechen. Den Ausdruck $a^2 + 2ab + b^2$ können wir als aus $(a + b)^2$ abgeleitet erklären.

Die Erklärung in der Induktion entspricht also dem Induktionsvorgang: vom Einzelfall zurück zum Gesetz, das ihn ausgelöst hat.

Im Falle der Deduktion läuft die Erklärung gegen die Richtung der Deduktion: eine bereits abgeleitete, der fragenden Einzelperson aber noch unverständliche Formel wird entgegen der ursprünglichen Ableitungsrichtung deutlich gemacht. (→ Beweis)

Erscheinung (Phänomen)
(gr. phainómenon ‚das, was sich zeigt‘)

Die Erscheinung ist das, als was sich etwas darbietet – im Gegensatz zu dem, was etwas „eigentlich", „an sich" ist.

Das anschaulichste Beispiel für die Erscheinung ist die scheinbare Form, die ein Gegenstand in perspektivischer Betrachtung annimmt. Die Schienen eines Gleises, auf dem ich stehe, scheinen in der Entfernung spitz zusammenzulaufen; ein an sich rechteckiger Würfel erscheint als zum Teil spitzwinkliges Gebilde mit parallelogrammähnlichen Seitenflächen; eine Kirche, um die ich herumgehe, nimmt die sonderbarsten Gestalten an (→ Realität der Außenwelt).

Die verschiedenen Gestalten, unter denen ein Gegenstand in der Perspektive erscheinen kann, ja die Tatsache, daß er in immer verschiedener Gestalt erscheinen *muß*, daß wir ihn gar nicht „rein" wahrnehmen können, ist nun nicht etwa ein Beweis dafür, daß es etwas „an sich" nicht geben kann. Im Gegenteil: die perspektivischen Ansichten etwa eines Gebäudes ändern sich beim Herumgehen in so geordneter Weise, daß ich aus diesen Perspektiven auf die „eigentliche" Gestalt zurückschließen kann. Ja – daß es einen Würfel oder ein Haus in einer bestimmten „An-sich"-Gestalt wirklich „gibt", beweisen gerade seine jeweils einem bestimmten Blickwinkel sinnvoll zugeordneten Perspektivbilder.

Gerade weil etwas verschiedene „Ansichten" hat, kann ich seinen tatsächlichen Ort genau bestimmen.

Ein elementares Beispiel ist das „Peilen":

An einer Küste stehen in einiger Entfernung voneinander zwei Türme. Diese Entfernung ist bekannt („Basislinie"). Auf See befindet sich ein Schiff. Wenn nun von beiden Türmen aus der Winkel zwischen den Sichtlinien zum Schiff und zum jeweils anderen Turm gemessen wird, ergibt sich aus den Dreieckssätzen eindeutig der Ort des Schiffes.

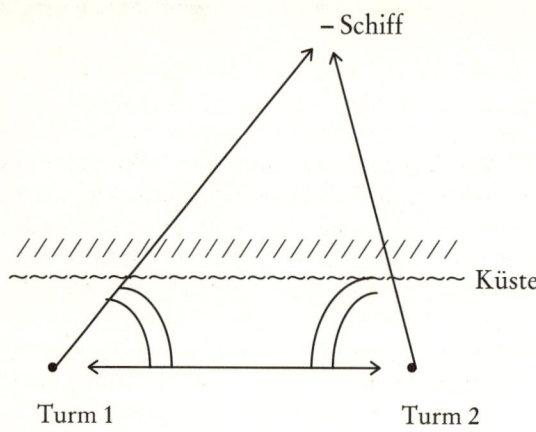

– Schiff

////////////////////////////// Küste

~~~~~~~~~~~~~~~~~~~~~~~~~~~~~~

Turm 1   Turm 2

Man sieht: Gerade weil das Schiff in zwei verschiedenen „Perspektiven" „erscheint", kann sein „eigentlicher" Ort genau festgestellt werden. Mit *einem* Turm allein ginge das nicht oder nur mit komplizierteren Methoden: man müßte zum Beispiel die Entfernung des Schiffes optisch oder durch Echomethoden (Radar) messen können.

Nur der Kuriosität halber sei bemerkt, daß in der Renaissance in Malerei und Architektur die „anamorphotische" Methode erfunden wurde, eine bewußte Verstärkung, Abschwächung oder Aufhebung der Perspektive. Einfachstes Beispiel: Von einem bestimmten Standort aus legt man zwei Schienenstränge so, daß sie real auseinanderlaufen und eben dadurch dem Betrachter als scheinbar parallel und eben nicht scheinbar zusammenlaufend erscheinen.

Was für die Perspektive gilt, gilt auch für andere Formen der Modifizierung eines Gegenstandes durch seine Erscheinungsweise, etwa durch Nacht oder Nebel, die wir sehr wohl von seinem „An sich"-Sein unterscheiden können. Daß in der Nacht alle Katzen grau sind, verstehen wir richtig lediglich als

Variation ihrer Erscheinungsweise, nicht als in ihrem Fell selbst liegende Veränderung. Bei einem Blitz in der Nacht erscheinen alle Gegenstände in ihren Tagesfarben. Entsprechendes gilt für optische und akustische Modifikationen der Gegenstände bei Nebel.

Selbst der Traum ist kein Beweis dafür, daß wir uns der Erscheinung als solcher nicht bewußt sein könnten. Denn wir unterscheiden ja – nach dem Erwachen – genau zwischen Traum und Wirklichkeit. Und selbst dann, wenn das einzelne Individuum diese Unterscheidung nicht mehr machen kann, weil es unter Drogeneinfluß steht oder geistesgestört ist, so zeigen doch Begriffe wie „Rausch", „Wahn", „Halluzination", „Einbildung" und so fort, daß zumindest die menschliche Umwelt immer genau zwischen „Erscheinung" als normaler Modifikation der Wahrnehmung von etwas und einem Trugbild unterscheiden kann.

Fazit: Die Verschiedenheit der Erscheinungen von etwas verdeckt dieses Etwas nicht, sondern läßt es gerade plastisch hervortreten – wie zwei stereoskopische Bilder einen Gegenstand um so plastischer herausmodellieren.

Existenz

(zu lat. existo aus ex-sisto, zu si-sto [Reduplikationsform von sto ‚stehen']
‚stellen'; ‚herauskommen, eintreten, entstehen, werden'; „Existenz" also
‚das Herauskommende, Entstehende, Werdende')

Der Begriff der Existenz ist unmittelbar an den Begriff des Seins gebunden. Das heißt: Was ein Philosoph jeweils unter „Existenz" versteht, hängt davon ab, was er unter „Sein" versteht.

1. Spricht er „Sein" etwa einem Gegenstand zu, der nach Meinung anderer eher ein abstrakter Begriff ist (Beispiel: Gott als ens realissimum, als allerwirklichstes Wesen, → Realismus), so gilt das auch für seine Definition von „Existenz".

2. Und umgekehrt: versteht er „Sein" ganz schlicht im Alltagssinne oder auch in logischer Terminologie dahingehend, daß es etwas „gibt", dann ist hiermit auch der Begriff Existenz in schlichter alltagssprachlicher oder logischer Weise definiert. Es „gibt" eine neunte Symphonie von Beethoven, es „gibt"

weiße, auch schwarze, aber wohl keine roten Schwäne; es „gibt" Primzahlen; es „gibt" gerade vollkommene Zahlen (→ tertium non datur) – ob es auch ungerade vollkommene Zahlen gibt, weiß man nicht; und so fort.

„Existenz" im alltagssprachlichen und logischen Sinne ist also, wie diese Beispiele zeigen, ein ganz unproblematischer Begriff, weil nicht belastet dadurch, was man unter „Sein" oder „es gibt" philosophisch versteht.

Das Wort → Existenzsatz hat also keinerlei metaphysische Bedeutung, sondern besagt nur: „Es gibt . . ."

3. Außer der allgemein philosophischen und der alltagssprachlich-logischen Bedeutung hat „Existenz" noch eine dritte Bedeutung: das Leben, wie es von einer menschlichen Person gelebt wird. So auch im Alltag: „Davon hängt meine Existenz ab", das „Existenzminimum" und so fort.

Existenzsatz

Ein Existenzsatz ist die Behauptung, daß es einen Gegenstand mit einem oder mehreren bestimmten Merkmal(en) „gibt". Ob es ein oder mehrere Gegenstände sind, ist gleichgültig; wir sprechen daher von „mindestens einem" Gegenstand. Zum Beispiel: „Es gibt mindestens einen schwarzen Schwan." Dieser Satz ist dann als endgültig bewiesen anzusehen, wenn mindestens ein Gegenstand gefunden wurde, auf den dieser Satz zutrifft. (Es leuchtet ein, ja, es ist trivial, daß ein Satz, der für seine Bestätigung nur eines einzigen Gegenstandes bedarf, leichter zu beweisen ist als ein Satz, der verlangt, alle unter ihn fallenden Gegenstände finden zu sollen!)

Die Verneinung (Negation) des Existenzsatzes lautet: „Es gibt nicht mindestens ein", was bedeutet: „Es gibt *kein* . . ."

Bei einer Klasse von Schülern umfaßt der Existenzsatz den Anzahlenbereich von 1 bis 30, der verneinte Existenzsatz = 0 Schüler.

Der verneinte Existenzsatz „kein" ist, wie der → Allsatz, nie endgültig bewiesen, da ja immer ein Exemplar auftauchen kann.

Explanation

(lat. explanatio von explanare ,auseinanderbreiten, -legen, -falten, verdeutlichen, darstellen, erklären', zu planus ,eben, flach, plan, klar, deutlich')
(Synonym zu → Erklärung)

Explikation

(lat. explicatio von explicare ,auseinanderwickeln, auseinandersetzen, erör-
tern, darstellen')

Präzisierung der Bedeutung eines Ausdrucks, der vorwissen-
schaftlich oder auch schon wissenschaftlich, aber eben noch
nicht genau genug gebraucht wird.

Beispiel: Das Wort „Reihe" bezeichnet in der Alltagssprache
eine Menge von Gegenständen, die in gerader Linie nebeneinander gelegt oder gestellt werden. In der Mathematik wird das
Wort präzisiert: Eine Reihe ist eine Menge mathematischer
Ausdrücke, die durch ein Pluszeichen miteinander verbunden
sind, also addiert werden können oder sollen. Die einfache
Aufführung dieser Ausdrücke heißt „Folge".

Finalität

(zu lat. finis ,Grenze, Ziel, Ende, Endzweck, Zweck'; gleichbedeutend gr.
télos [dazu Teleologie ,Lehre vom Ziel oder Zweck; Zweckgerichtetheit'].
Auch die dte Entsprechung „Zweck" bedeutet eigentlich den Nagel in der
Zielscheibe; vgl. [Reiß-]Zwecke. Die Grundbedeutung von „finis" und
„Zweck" ist also ,Ende, Ziel'. [Im 18. Jahrhundert konnte „Ende" auch im
Sinne von ,Zweck' gebraucht werden, vgl. Schiller: „. . . zu welchem Ende
studiert man . . ."])

„Finalität" bedeutet: Der menschliche Wille setzt sich Ziele
oder Zwecke und sucht dann nach den Mitteln, sie zu erreichen.

Man hat gefragt, wieso es überhaupt Zwecksetzung und
Zweckverwirklichung geben kann, wo doch alles kausal
(→ Kausalität) determiniert, also festgelegt ist. Die Antwort:
Die Kausalität schließt die Finalität nicht aus. Denn der
Mensch kann selbst Kausalvorgänge auslösen. Ja – der Kausal-
vorgang ist sogar die Voraussetzung und die Grundlage des
Finalvorganges. Ein Finalprozeß ist nämlich nichts weiter als
ein Kausalprozeß, den ich selbst in Gang setzen kann und der
dann der Erreichung eines Zweckes dienstbar gemacht wird.

Ein Beispiel: Wenn ich Wasser auf die Straße gieße (etwa gebrauchtes Scheuerwasser), wird die Straße naß. Das ist ein Kausalvorgang. Das Naßwerden der Straße ist eine von mir gar nicht gewollte Folge des Ausgießens des Wassers. Denn ich wollte ja nicht die Straße naß machen, sondern das Scheuerwasser loswerden. (Womöglich werde ich dann sogar wegen Verunreinigung der Straße bestraft.) Nun ist aber ein heißer und trockener Sommer. Die Straße ist heiß und staubig – ich möchte sie gern abkühlen und den Staub binden. Also erinnere ich mich: wenn ich mein Scheuerwasser auf die Straße gieße, um es loszuwerden, dann wird die Straße naß. Ursprünglich hat mich das nicht interessiert, weil es mir nur um die Beseitigung des Wassers ging. Aber jetzt wird mir klar: Die zunächst unbeabsichtigte Folge, daß die Straße naß wird, kann ich auch bewußt wollen. Sie wird zum Zweck. Und mir wird klar: Wenn die ungewollte Folge oder Wirkung des Wasserausgießens nunmehr mein Zweck geworden ist, dann kann ja offenbar das Wasserausgießen, zunächst die Ursache des Naßwerdens, jetzt zum Mittel werden, *um* die Straße naß zu machen. Mit anderen Worten: Wenn die Folge oder Wirkung zum Zweck wird, wird die Ursache zum Mittel. Ich leite einen mir bereits als funktionierend bekannten Kausalzusammenhang ein, um einen Zweck zu erreichen.

Der Finalprozeß besteht also aus drei Schritten:
1. Der Kausalvorgang ist mir bekannt: Die „Ursache" erzeugt eine „Wirkung".
2. Ich setze die „Wirkung" als „Zweck" und schließe von ihm auf die „Ursache" als „Mittel" zurück.
3. Ich setze den Kausalvorgang in Gang.

Die Teleologie ist die (Lehre von der) Zielgerichtetheit. Ziel- oder Zweckgerichtetheit finden wir etwa auch in der organischen Schicht bei Tieren und Menschen: Der Hunger und der Geschlechtstrieb haben den Zweck, die Lebewesen zur Selbsterhaltung und zur Fortpflanzung zu animieren, da sie ohne starkes Lustgefühl kein Interesse daran hätten. Festessen und Sexualität ohne Fortpflanzungswunsch wären dann eine Verwandlung der Eß- und Geschlechtslust von der ursprünglichen Zweckgerichtetheit in einen Selbstzweck.

Form/Inhalt oder Form/Materie

(Form: lat. fǫrma ‚Gestalt, Äußeres, Form‘; ‚Gestaltung, Beschaffenheit; Gepräge‘; ‚Riß, Abriß, Grundriß‘; gr. morphé; gleichbed. gr. eĩdos ‚Aussehen, Gestalt, Urbild‘, zu eĩdon ‚sehen‘ [verwandt lat. vidęre; nhd. wissen, eigentlich: ‚gesehen haben‘; gr. idéa, zu ideĩn = eĩdon ‚sehen‘: ‚Aussehen, Erscheinung, Gestalt, Beschaffenheit, Weise, Form, Urbild, Idee‘.]

Inhalt: lat. contĩnus, zu cont¥neo ‚zusammenhalten‘;

Materie: lat. mat£ria „Mutter“stoff, Grundstoff‘, auch: ‚Holz‘, zu mâter ‚Mutter‘; gr. hýlé ‚Holz‘; ‚Stoff, Materie, Material‘)

Form/Inhalt bzw. Form/Stoff sind eines der grundlegenden Begriffspaare, die von Aristoteles in die Philosophie eingeführt worden sind.

Die beteiligten Betriffe sind in allen drei Sprachen so bildhaft, daß sie sich und ihre zentrale Rolle fast von selbst erklären: „Topologisch“ ist Form ein „Drumherum“, eine Kurve, ein Umriß, ein Gefäß, etwas Hohles – und der Stoff bzw. der Inhalt ein „Innendrin“, eine geschlossene Figur, eine Masse, etwas Rundes, ein Schütt- oder Gießgut.

Form und Inhalt können gegeneinander variieren: ein bestimmter Inhalt, etwa Wasser, kann in Gefäßen verschiedener Form gehalten werden: in Gläsern, Kannen, Flaschen, Eimern und so fort. Und umgekehrt: in einer Flasche kann Wasser, Obstsaft, Kaffee, Tee, Likör, Schnaps, Wein oder Sekt sein.

Eine in ihrer Grundbedeutung so sinnfällige Begriffspaarung mußte der Philosophie für die Darstellung abstrakter Zusammenhänge willkommen sein. Schon im praktischen Leben ist die grundlegende Unterscheidung zwischen Form und Inhalt sichtbar: etwa wenn in einer Versammlung stundenlang über „formale", „technische", „Geschäftsordnungs"-Fragen gesprochen wird und die Beteiligten enttäuscht sind, daß die eigentlichen Inhaltsfragen, also die Sachthemen, der die Versammlung eigentlich gewidmet ist, nicht zur Sprache kommen. Auch das Umgekehrte ist möglich: Die eigentliche Sachdiskussion ist so langweilig, so akademisch, so blutleer, daß man sich nach einem handfesten Streit um Formalia geradezu sehnt.

Entsprechendes gibt es in der Wissenschaft oder Philosophie selbst. Man spricht von Formalismus, wenn, etwa in der Mathematik, nur noch Strukturen als solche interessieren, aber nicht mehr inhaltliche Gesichtspunkte wie der Vorgang des Zählens, aus dem heraus die natürlichen Zahlen als inhaltsbezogene Gebilde abgeleitet werden.

In der Soziologie ist der Gegensatz von formaler und inhaltlicher Betrachtung augenfällig: Die eine Richtung betrachtet alle gesellschaftlichen Erscheinungen nur als Material für die Ableitung von Gesetzen hohen Abstraktionsgrades, ohne die Besonderheiten des betreffenden Gebietes, etwa Betriebs-, Familien-, Medizin-, Wissenschaftssoziologie zu beachten, während es der anderen Richtung gerade um die inhaltlich-sachliche Eigenart des jeweils behandelten Gebietes geht: in der Familiensoziologie also um die familienspezifischen, in der → Wissenschaftssoziologie um die wissenschaftsspezifischen Besonderheiten. Berufungsverfahren beispielsweise gibt es nur in der Wissenschaft oder genauer: Hochschule; sie haben inhaltlich weder mit der Bewerbung einer Sekretärin noch mit der Vermittlung eines Wirtschaftsmanagers durch einen Unternehmensberater etwas zu tun und interessieren daher nur in ihrer gebietsbezogenen Eigenart, nicht als für sich uninteressanter Fall etwa von Arbeitsvermittlung (schon dieser Begriff wäre den Formalisten in der Soziologie natürlich viel zu inhaltsbestimmt).

Jedenfalls: Das Begriffspaar ist so plastisch, daß wir ständig mit ihm umgehen und immer genau wissen, was die Form und was der Inhalt ist.

Wenn ich etwa einen Kassettenrecorder kaufe, unterhalte ich mich mit dem Verkäufer über technische Fragen: *was* auf den Bändern ist, die ich abspielen will, interessiert weder den Händler noch – in der beschriebenen Situation – mich selbst.

Dem Begriffspaar Form/Inhalt verwandt ist das logische Begriffspaar → Inhalt/Umfang oder Intension/Extension, wobei dem Begriff der Extension ersichtlich der Begriff der Form entspricht: Zwei Prädikatoren haben den gleichen Inhalt, wenn sie die gleiche Bedeutung haben, aber den gleichen Umfang, wenn sie sich nur auf die gleiche Menge von Gegenständen beziehen, jedoch bedeutungsverschieden sind. Die Extension bezieht sich also nur auf eine „formale" Gleichheit von Prädikatoren.

Ganzes, Ganzheit (Totalität)

(gr. hólos ‚ganz, völlig, gänzlich'; to hólon ‚das Ganze'; verw. lat. solidus ‚dicht, fest, gediegen, wahrhaft'; lat. totus ‚ganz', totum ‚das Ganze'; nachklass. totalis ‚völlig, gänzlich, ganzheitlich'; totalitas ‚Ganzheit')

Der Schlüssel zum Verständnis des Begriffes der „Ganzheit" ist der Satz: „Das Ganze ist mehr als die Summe seiner Teile", der einerseits auf die griechische Philosophie (Aristoteles, Euklid), andererseits auf die alten Chinesen zurückgeführt wird. Beispiel: Ein ungegliederter Haufen Backsteine wird zum „Ganzen" eines Hauses. Eine Ganzheit ist auch jeder pflanzliche und tierische Organismus.

Eng verwandt mit dem Begriff der „Ganzheit" ist der Begriff der „Gestalt". Der einfachste Fall einer Gestalt ist ein geometrisches Gebilde, das die menschliche Wahrnehmung zwingt, es als „zusammenhängende", „sinnvolle" Form zu sehen:

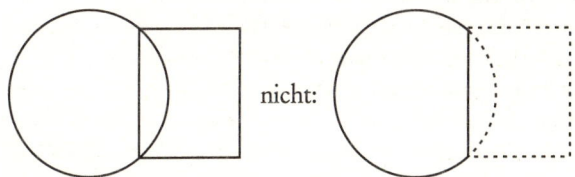

Jeder Mensch wird dieses Gebilde als einen Kreis und ein Rechteck sehen, die einander überschneiden. Niemand wird annehmen wollen, es handele sich um einen abgeschnittenen Kreis und ein eingedelltes Rechteck.

Die sinnvolle, geschlossene Gestalt der beiden Figuren lenkt Wahrnehmung und Verständnis.

In engster Beziehung zu den Begriffen „Ganzheit" und „Gestalt" stehen die Begriffe → Sinn und → Hermeneutik.

Gegenstand

(,das, was mir gegenübersteht'; seit dem 17. Jh. übliche Lehnübersetzung zu lat. obięctum ,das Entgegengeworfene') (→ Objekt)

Das Wort „Gegenstand" hat den großen Vorteil, daß es völlig offenläßt, wie denn das, was einem da gegenübersteht, „beschaffen" ist: ob es also nur eine Erscheinung ist, ob es ein „Ding an sich" ist, ja sogar, ob es nur in meinem Kopf besteht (→ Idealismus) oder aber real ist (→ Realismus), ob es etwas Konkretes oder Abstraktes ist. Das Wort „Gegenstand" ist also ontologisch und erkenntnistheoretisch neutral; es verträgt sich mit sämtlichen überhaupt möglichen diesbezüglichen Theorien. Dies zeigen folgende Beispiele:

1. „Was ist denn das für ein Gegenstand?" – „Ein Entsafter."

2. „Wenn ich um dieses Haus herumgehe, sieht es immer anders aus, aber es ist doch derselbe Gegenstand."

3 a. „Der Gegenstand der heutigen Ausschußsitzung ist der Bebauungsplan für das A-Viertel."

3 b. „Der Gegenstand meiner Examensarbeit ist ,Die Gleichschaltung der Tagespresse im Dritten Reich'."

In diesen Beispielen ist „Gegenstand" jeweils etwas Verschiedenes: Einmal das Erscheinungsbild von etwas (1), dann wieder etwas „an sich" (2) – und in den letzten Beispielen (3 a und b) etwas völlig Abstraktes, nur in Worten Bestehendes – das, was man auch „Thema" nennen kann: ein „Thema" ist nicht einfach gegeben, sondern muß – zum Beispiel in der Wissenschaft – aus vielen anderen Möglichkeiten erst herausgeschält werden; dieses Unbestimmte, erst zu Konturierende, wird z. B. auch durch das Wort „Fragestellung" zum Ausdruck gebracht.

Ein „Gegenstand" ist also alles das, worüber ich jeweils spreche. Diese Ungenauigkeit des Wortes ist gerade seine Stärke – wie auch der Gebrauch des Wortes in diesem Wörterbuch belegt. Wichtig ist auch die Ableitung „vergegenständlichen", also ‚etwas als Gegenstand vor sich hinstellen'. Ein Vorgang, der bei der Bildung des „historischen Bewußtseins" eine wichtige Rolle spielt: Wir treten aus der Befangenheit im eigenen Standort heraus und können nun etwas, zum Beispiel eine andere Meinung als solche, wahrnehmen, also zum Gegenstand unseres Erkennens machen. (→ historisch/systematisch, → Geschichtstheorie)

Geist

(ahd. mhd. geist [aus einer idg. Wurzel mit der Grundbedeutung ‚aufgeregt sein'] mit der doppelten Bedeutung ‚höherer Teil des Menschen', im Gegensatz zum Körper – und: ‚höheres Wesen', daraus dann auch ‚Gespenst' [engl. ghost, heute nur noch in dieser zweiten Bedeutung]. Als Übers. von gr. pneūma ‚Hauch', im N. T. ‚Geist'; lat. spiritus ‚Hauch, Geist'. – Auch für gr. noūs ‚Sinn, Verstand, Einsicht, Geist'; lat. animus ‚Seele, Geist' (zu anima ‚Hauch, Lebenskraft, Seele'); mens ‚Sinnesart, Seele, Mut, Geist'; genius ‚der Leben Erzeugende, Schutzgeist')

Dieses vieldeutige, vor allem von Hegel zum zentralen Terminus erhobene Wort soll hier nur in der modernen Bedeutung gebraucht werden, die Nicolai Hartmann ihm gegeben hat.

Hiernach ist der Geist oder das Geistige die höchste Schicht im vierschichtigen Aufbau der Welt: Anorganisches, Organisches, Seelisches, Geist(iges). Der Mensch ist aus allen vier Schichten aufgebaut. Zwischen den Schichten besteht ein jeweils doppeltes Verhältnis: die oberen Schichten sind einerseits von den unteren abhängig in ihrer Existenz, andererseits aber unabhängig in ihren Inhalten. Grundlegendes Beispiel: Kant muß essen, um denken zu können, aber das, was er denkt, ist inhaltlich nicht von dem abhängig, was er ißt. (Falsch ist also der materialistische Satz: „Der Mensch ist, was er ißt".)

Konkret kann man den Geist als den Inbegriff aller „Hervorbringungen" des Menschen in Gesellschaft, Wissenschaft, Kunst und so fort verstehen. Solche Hervorbringungen wären zum Beispiel Institutionen wie Staaten, Kirchen, Rechts- und Wirtschaftsordnungen, religiöse und moralische Normensysteme, die verschiedenen geschichtlich gewordenen Sprachen und deren praktische Bedeutung im Alltag, mündlich und schriftlich; Geräte vom Faustkeil bis zum Computer; Gebäude und sonstige Bauanlagen jeder Art; Kunstwerke jeder Sparte; literarische und wissenschaftliche Äußerungen jeder Art und anderes.

Diese menschlichen Hervorbringungen, die insgesamt als die Schöpfungen des menschlichen „Geistes" verstanden werden können, haben alle zu einem bestimmten geschichtlichen Zeitpunkt einen bestimmten „Stand". Der junge Mensch wird in diesen „Stand" hineingeboren und muß ihn sich aneignen. Dieses Sichaneignen des jeweiligen „Standes" des Geistes in allen seinen Hervorbringungen nennen wir „Lernen", das Ergebnis „Wissen", „Können", „Verständnis" und so fort.

Der „Besitz" des Geistes vererbt sich nicht einfach. Auch Kinder von Wissenschaftlern und anderen Fachleuten müssen alles von Anfang an selber lernen. Naturgegeben ist nur die Anlage, die Fähigkeit zu lernen, die allerdings bei verschiedenen Individuen verschieden sein kann. Aber das Wissen und Verstehen geistiger Inhalte muß gelernt werden.

Jeder Mensch wächst auf diese Weise in den in seiner Jugend jeweils aktuellen „Stand" der Gegebenheiten hinein und kann dann selbst auf einem oder mehreren Sachgebieten zur geschichtlichen Weiterentwicklung beitragen – vergleichbar dem Zaunkönig, der sich vom Adler des bisherigen geistigen Besitzstandes emportragen läßt und dann aus eigener Kraft noch etwas höher fliegen kann.

Mit Nicolai Hartmann unterscheiden wir den personalen, den objektiven und den objektivierten Geist.

1. Der *personale Geist* ist der Inbegriff der geistigen Inhalte, wie sie sich in der Einzelperson durch Lernen aufbauen. Dieser Erwerb ist in der Regel eine persönliche Leistung: Der Musiker spielt mit anderen zusammen, die Beherrschung seines Instruments muß er aber selbst leisten. Der Mathematiker kann mit anderen diskutieren, doch die eigentlichen Verstehensvorgänge müssen sich in seinem Kopf vollziehen und sind nicht durch Reden zu ersetzen.

Andererseits wirkt die Einzelperson stets im Verband mit anderen: mit anderen zusammen trägt sie die Entwicklung eines Gemeinwesens, eines Berufskönnens oder einer Wissenschaft.

2. Das, was die Einzelperson von anderen bei der Einführung lernt, und das, was sie dann zusammen mit anderen Personen selbst weiterentwickelt, nennen wir den *objektiven Geist.* Der objektive Geist wird von einzelnen Personen getragen und ist doch von ihnen unabhängig. Ein einfaches Beispiel: Viele ehemalige Schüler besuchen nach dem Schulabgang in regelmäßigen Abständen ihre alte Schule. Sie empfinden dort immer wieder die gleiche „Atmosphäre", den gleichen „Geist" ihrer Schule – und müssen doch eines Tages mit Erstaunen feststellen, daß kein einziger ihrer alten Lehrer noch im Amt ist. Und doch ist sie in ihrem „Geist" die gleiche geblieben.

Dies liegt natürlich daran, daß jeder Lehrer bei seinem Eintritt diesen „Geist" übermittelt bekommt und ihn auch dann weiterträgt, wenn diejenigen, die ihn eingeführt haben, ihrerseits längst ausgeschieden sind.

In diesem Sinne also läßt sich vom „objektiven Geist" aller jener Gebilde sprechen, die wir eingangs als Beispiele für menschliche Institutionen und sonstige Hervorbringungen aufführten.

3. Unter dem *objektivierten Geist* verstehen wir die Aufprägung geistiger Inhalte mit Hilfe von → Zeichen (bzw. → Marken) auf einen materiellen Träger. Das älteste Beispiel sind die *Schriftzeugnisse,* ohne die wir weder Homer noch Platon kennen könnten. Heute kommen vor allem in der Dimension der Zeit verlaufende Aufprägungen hinzu: Filme, Schallplatten, Audio- und Videobänder, die insbesondere auch die gesprochene Sprache sowie Musik speichern können – ganz abgesehen von elektronischen Datenträgern wie Disketten. Auch nichtsprachliche materielle Gebilde wie Geräte, Maschinen, Gebäude sowie Kunstwerke wie Skulpturen und Bilder sind natürlich Gebilde des objektivierten Geistes.

Die wohl verblüffendste Folge der Tatsache, daß es Gebilde des objektivierten Geistes gibt: Das Interesse der Menschen an den einer materiellen Unterlage aufgeprägten geistigen Inhalten kann verlorengehen. Etwa jenes an antiker Kunst im Mittelalter, an der Barockmusik im 19. Jahrhundert, an Kinderbüchern des 19. Jahrhunderts um die Mitte des 20. Jahrhunderts. Weil (und insoweit) die materiellen Gebilde, denen diese Inhalte aufgeprägt sind, aber physisch erhalten bleiben (oft in Rumpelkammern), können diese Inhalte eines Tages von einer neuen Menschengeneration entdeckt, verstanden und geliebt werden.

Geisteswissenschaften

Diejenigen Wissenschaften, die sich mit dem menschlichen Geist und seinen Hervorbringungen befassen. Dies sind vor allem die Theologie, die Rechtswissenschaft, die sogenannte Geschichtswissenschaft, die Nationalsprachwissenschaften („Philologien": deutsche, romanische, englische Philologie und so fort), die Literaturwissenschaften, die Kunstwissenschaften und andere.

Die *Natur*wissenschaften befassen sich mit der anorganischen Materie und dem organischen Leben. Das sind vor allem Astronomie, Physik, Chemie, Mineralogie, Geologie, Geophysik, die biologischen Wissenschaften.

In diese Zweiteilung nicht eindeutig einzuordnende Disziplinen sind:

– Die Philosophie. Sie ist für „alles" zuständig.

– Die Mathematik. Sie hat es zwar mit einem Produkt des menschlichen Geistes zu tun, wird aber als Grundlagenwissenschaft für die Naturwissenschaft in Schule, Studium und Fächerorganisation den Naturwissenschaften zugerechnet.

– Die Geographie gehört als physische Geographie zu den Naturwissenschaften, als Anthropo- und Sozialgeographie zu den Geisteswissenschaften.

– Die Wirtschafts- und Sozialwissenschaften. Diese Fächer haben es zwar eindeutig mit dem Menschen zu tun, verwenden aber zum Teil der Naturwissenschaft entlehnte Methoden (Induktion, Statistik). Soweit sie geisteswissenschaftliche Methoden (→ Hermeneutik, → historische Methode, → Phäno-

menologie) verwenden, sind sie eindeutig Geisteswissenschaften. Ähnliches gilt für die Psychologie.

Die Geisteswissenschaften sind → „reflexiv", insofern sowohl sie selbst als auch ihr Gegenstand geistige Gebilde sind.

Für die Naturwissenschaften gilt das nicht. Deren Gegenstand besteht aus außergeistigen Gebilden, aber sie selbst sind
– als wissenschaftliche Betätigung – natürlich geistige Gebilde.
Daher können sie ihrerseits eventuell Gegenstand geisteswissenschaftlicher Arbeiten werden: der Physikgeschichte, der
Medizingeschichte und so fort.

Geschichte

(gr. historía, historíē [zu hístōr ‚kundig'; verwandt: gr. oĩda ‚wissen'; lat.
vidēre ‚sehen'; dt. wissen] ‚Erkundigung, Kunde, Kenntnis', auch schon:
‚Geschichte, Geschichtserzählung, Geschichtsdarstellung'; lat. historia.
   Dt. Geschichte: ahd. gi-sciht; mhd. geschiht ‚Ereignis, Geschehnis'; später auch ‚Erzählung von Geschehenem')

Das Wort „Geschichte", eigentlich ‚Geschehenes', hat heute
drei Bedeutungen:

1. Das Geschehen (Ereignisse und Zustände), das Gegenstand der Betrachtung wird (Geschichte im engeren Sinne);
2. die Schilderung des Geschehenen (Geschichtsschreibung);
3. das Wissen vom Geschehenen, das das Geschehen selbst
und dessen Schilderungen kritisch verarbeitet (Geschichtswissenschaft).

Durch den Geschichtsunterricht früher und durch das Fernsehen heute wird dem Laien „Geschichte" als eine bunte Welt
von Ereignissen vermittelt: durcheinanderwirbelnde Kostüme,
Säbel, Pferde, Blut und Rauch – und hinter alledem der ewig
gleiche Mensch mit seinen Leidenschaften. Geschichte als
Karl-May-Land. Eine solche Auffassung von „Geschichte"
wird leider gerade durch die Grundbedeutungen ‚Ereignis' und
‚Erzählung von Ereignissen' unterstützt.

Was hingegen „Geschichte" wirklich ist, zeigt sich in wesentlich schlichteren Sachverhalten: ein Kind empfindet die
Wohnung seiner Großeltern im Unterschied zu der seiner El-
tern als irgendwie „anders". Der Norddeutsche empfindet

Süddeutschland und seine Bewohner als „anders". Das Kind besucht einen Klassenkameraden, der einer anderen sozialen Schicht entstammt, und erlebt das fremde Zuhause als „anders". Geschichte ist also zu verstehen als Nebeneinander von mindestens zwei als verschiedenartig erlebten *Lebenssituationen.* Unter „Geschichtsbewußtsein" oder „historischem Bewußtsein" verstehen wir demgemäß das Erfahren und Verstehen der Existenz einer *Mehrheit* verschiedenartiger Lebenssituationen. Historisches Bewußtsein ist also weder bloße Kenntnis äußerer Ereignisse der Vergangenheit noch bloßes tatsächliches Erfahren der Geschichte, sondern es ist nur da gegeben, wo das im Alltag Erlebte als „geschichtlich" verstanden wird.

Geschichte vollzieht sich also nicht nur in der zeitlichen Dimension. Geschichte ist vielmehr auch das gleichzeitige Nebeneinander verschiedenartiger Regionen, Länder und Gesellschaften – und zum dritten das Nebeneinander sozialer Gruppen im weitesten Sinne innerhalb einer Gesellschaft: von Schichten, Konfessionen, politisch-gesellschaftlichen Überzeugungen.

Eine Lebenssituation, die zeitlich, räumlich oder gesellschaftlich abgrenzbar ist, können wir als „historische" oder „geschichtliche" *„Einheit"* bezeichnen. Solche Einheiten sind zum Beispiel: die römische Geschichte, das Zeitalter des Zweiten Weltkrieges, die Musik Bachs, der „Sturm und Drang", der Calvinismus, die Studentenbewegung 1968. Eine „historische Einheit" kann räumlich eng, zeitlich weit begrenzt sein und umgekehrt. Sie kann in jeder Hinsicht weit oder eng gefaßt sein.

Den Sachverhalt, daß das ganze menschliche Leben aus einer Vielfalt von Lebenssituationen, von „historischen Einheiten" also, besteht, nennen wir die *„Geschichtlichkeit"* des Menschen.

Das Wissen davon, daß der Mensch ein geschichtliches Wesen ist und daß alle seine Äußerungen aus einer historisch definierten Situation erwachsen, nennen wir das *historische Bewußtsein.* Also zum Beispiel: Wenn ich als Norddeutscher Süddeutschland als „anders" erlebe, dann weiß ich, daß dies auf einer anders verlaufenen politischen, Religions- und Geistesgeschichte beruht.

Geschichtstheorie

Unter Geschichtstheorie verstehen wir die Interpretation dessen, was wir als „Geschichte" vorfinden, im Lichte eines leitenden Prinzips.

I. *Der Historismus.* Dieses leitende Prinzip ist, allen Einwänden der jüngsten Zeit zum Trotz, der *Historismus.* Was versteht man darunter? Im Radio können wir heute Musik jeder Zeit, von Schütz über Bach, Mozart, Beethoven und Bruckner bis zu Bartók hören, und empfinden jede von ihrer jeweiligen Art als „schön". Ebenso ergeht es uns mit einem Kunstkalender, der in bunter Reihe Rembrandt, Picasso, Utrillo, Mondrian, die Zeichnung eines siebenjährigen Kindes, eine altchinesische Tuschearbeit oder eine äthiopische Passionsdarstellung Monat für Monat ins Wohnzimmer bringt.

Dieses „Offensein nach allen Seiten" ist uns heute so selbstverständlich wie es früheren Zeiten fremd war. Nun ein Beispiel: die „gotisch" genannte Kunstepoche hieß ursprünglich deshalb so, weil man diesen Stil als „barbarisch" empfand (etwa so, wie man auch von „Vandalen" spricht).

Diese uns heute so geläufige allseitige Musik- oder Kunstverständnis ist ein anschauliches Beispiel für die Geschichtsauffassung, die wir „Historismus" nennen.

„Historismus" ist die konsequent auf alle Sachgebiete und Lebensbereiche angewendete Überzeugung, daß alle untereinander vergleichbaren „historischen Einheiten" (→ Geschichte) nicht nur *verschiedenartig*, sondern auch *gleichwertig* sind.

Dies gilt nicht nur für verschiedene Zeitalter, sondern auch für gleichzeitig bestehende regionale und ethnische Gebilde, Staaten, Nationen, Völker, Rassen; ferner für Religionsgemeinschaften, Gesellschaftsschichten, politische und weltanschauliche Gruppierungen und so fort.

Damit geht der Historismus weit über eine geschichtstheoretische Lehrmeinung hinaus. Er bedeutet vielmehr ein ganzes Programm der Toleranz, des Humanismus, des liberalen Pluralismus. Verdichtet ist das Programm des Historismus in dem berühmten Satz von Leopold Ranke: „Jede Epoche ist unmittelbar zu Gott."

II. *Nichthistoristische Geschichtslehren.* Der Historismus ist eine späte Frucht des menschlichen Geistes. Vor dem 18. Jahrhundert herrschte auch in der Wissenschaft die „natürliche" Bejahung der eigenen und die Ablehnung fremder Lebenswelten. Daher gab und gibt vor und neben dem Historismus auch mehrere nichthistoristische Geschichtstheorien.

1. Lineare Geschichtstheorien. Ihnen gemäß bewegt sich die Geschichte „einsinnig", in bestimmter Richtung, fort.

a. Die Fortschrittstheorie: Die Welt wird im Laufe der Zeit immer „besser". Gesellschaftliche Verhältnisse, das Wissen, die Kunst werden immer vollkommener, Beethoven ist „besser" als Bach, weil er hundert Jahre später gelebt hat, und so fort.

b. Die Verfallstheorie: Die Welt wird im Laufe der Zeit immer „schlechter". Am Anfang stand ein „Goldenes Zeitalter", eine „Heroenzeit", von dem ausgehend die Menschheit immer mehr herabsank. Die Kunst etwa verkommt von der klassischen Antike über Rembrandt zu Picasso. Versuche, das „Goldene Zeitalter" wiederzuerwecken, erkennt man an Bezeichnungen, die mit „Re-" beginnen: Renaissance, Reform(ation), Restauration, Revolution.

c. Heilsgeschichtliche Theorien: Sie sind mit den Fortschrittstheorien vergleichbar, weil sie eine Bewegung der Geschichte zum „Besseren" annehmen. Jedoch fassen sie diesen Gedanken feiner: es werden „Stufen" beschrieben, in denen sich die Geschichte vollzieht, und es wird ein Endziel, eben das angebliche „Heil", genannt. Beispiele sind die Lehren des mittelalterlichen Autors Joachim von Fiore, von Hegel und von Marx.

2. Zyklische Geschichtstheorien. Die linearen Geschichtstheorien kennen nur einen einzigen Fortschritts- bzw. Verfallsprozeß über die ganze Geschichte hinweg. Für die zyklischen Geschichtstheorien dagegen wiederholen sich bestimmte Abläufe immer wieder. Daher kann man Analogien bilden, insbesondere zwischen der Gegenwart und einem früheren Ablauf, und damit die Weiterentwicklung der gegenwärtigen Si-

tuation voraussagen. Etwa: Die Gegenwart ist der hellenisti-
schen Zeit mit ihrer Auflösung aller Ordnungen vergleichbar
und wird daraufhin ebenfalls den Barbaren zum Opfer fallen.
Vertreter solcher zyklischer Theorien sind Spengler und
Toynbee.

3. Analytische Geschichtstheorien werden von Geschichts-
theoretikern vertreten, die der analytischen Philosophie nahestehen. Genau genommen sind dies keine Geschichtstheorien,
da sie sich nicht mit der Geschichte um ihrer selbst willen beschäftigen, sondern sie als Materiallager für die Ableitung allgemeiner, überhistorischer Gesetze benutzen wollen.

III. *Infragestellung des Historismus seit etwa 1970.* Um 1970
entstand vorwiegend in der Bundesrepublik Deutschland eine
„kritische Geschichtswissenschaft", die vor allem drei Thesen
verkündete:

1. Die Geschichtswissenschaft muß sich als Sozialwissenschaft verstehen; 2. sie bedarf einer wissenschaftstheoretischen
Fundierung; 3. der Historismus ist politisch fragwürdig.

Alle drei Thesen sind zurückzuweisen.

Zu 1. Die „Geschichte" hat es mit allen nur denkbaren Sachgebieten zu tun. „Sozialwissenschaft" kann sie daher nur sein,
sofern sie sich mit sozialen Gegenständen beschäftigt. Die Geschichte der Mathematik oder der Musik sind nicht angemessen als „Sozial"wissenschaft zu verstehen.

Zu 2. Hier wird unterstellt, die → historische Methode und
die → Hermeneutik, von denen die Geschichtswissenschaft
aller Sachgebiete seit Anfang des 19. Jahrhunderts lebt, seien
keine theoretischen Instrumente. Statt dessen stellt man sich
vor, die zur Sozialwissenschaft erklärte Geschichtswissenschaft
sollte mit induktiven und ähnlichen, den Sozialwissenschaften
entlehnten Methoden arbeiten. Dies würde aber zu einer
Primitivisierung der Geschichtswissenschaft führen, da nur die
historische Methode die notwendige Feinheit und Anschmieg-
samkeit besitzt. Ein Historiker, der solche Methoden über-
nehmen möchte, gleicht einem Bäcker, der zur Vervollkomm-
nung seiner Fähigkeiten nicht bei einem Konditor, sondern bei
einem Schuster in die Lehre gehen wollte!

Zu 3. Hier wird dem Historismus unsinnigerweise unterstellt, er sei in Wahrheit eine konservative Ideologie. Unsinnig deshalb, weil er ja gerade die Gleichberechtigung aller möglichen Lebensäußerungen proklamiert. (Da war die frühere Kritik am Historismus, er sei → Relativismus, noch sachgerechter.)

Gesetz
(mhd. gesetze ‚das Festgesetzte, Bestimmte, Angeordnete‘ [vgl. Satzung]; gr. nómos ‚das Zugeteilte‘ [verwandt lat. numerus ‚Zahl‘ und deutsch nehmen]; lat. lex zu gr. légō ‚sammeln‘, ‚sagen‘; lat. lego ‚sammeln‘; engl. law ‚Gesetz [in juristischer und naturwissenschaftlicher Bedeutung])

Das Wort „Gesetz" bedeutet ursprünglich wie gr. nómos und lat. lex nur ‚Vorschrift‘, ‚Norm‘, wie noch heute in theologischem und juristischem Sinne.

Erst in der Neuzeit, mit dem Aufkommen des modernen naturwissenschaftlichen Denkens, bekam es zusätzlich die Bedeutung ‚Regelmäßigkeit in der Natur‘. So wie bisher Gott oder die Menschen als Schöpfer der Gesetze galten, dachte man sich jetzt auch die Natur als „Gesetz"geber, die gewissermaßen immer wiederkehrende Regelmäßigkeiten „befahl".

Beispiele: Die Keplerschen Gesetze, das Fallgesetz, das Gesetz von Boyle und Mariotte über den Zusammenhang von Druck und Volumen bei Gasen und so fort.

Ein Gesetz im Stadium der Vermutung heißt (Gesetzes-)Hypothese. Einen inhaltlichen Unterschied zwischen (Gesetzes-)Hypothese und Gesetz gibt es also nicht. Eine bestätigte, das heißt als sicher nachgewiesene (Gesetzes-)Hypothese wird zum Gesetz. (→ Hypothese)

Andererseits hat der Begriff des Gesetzes mit dem der → Theorie gemeinsam, daß nur bestätigte Aussagen ein Gesetz oder Theorie (im Unterschied zur Hypothese) genannt werden können. Beide Termini sind nicht streng voneinander zu trennen. So können wir sowohl vom Gravitationsgesetz als auch von der Gravitationstheorie sprechen. (→ Beobachtung, → Hypothese, → Theorie)

„Gesetz" im theologisch-juristischen Sinne, also im Sinne von ‚Vorschrift‘, ‚Bestimmung‘, ‚Anordnung‘, würde man auf der Ebene der Ethik als → Norm bezeichnen, und in der Terminologie der Modallogik würde man von „Gebot" bzw. „Verbot" sprechen (→ Modallogik).

Gewissen

(Lehnübers. von lat. conscięntia [dies wieder von gr. syneídēsis – [zu oĩda ‚wissen']; beides ‚Bewußtsein' und ‚Gewissen'; engl. conscience [‚Bewußtsein' dagegen: consciousness!])

Das Gewissen ist das „Wissen" davon, ob man „gut" oder „schlecht" gehandelt hat. Dieses Wissen ist unabhängig von allen Einflüssen. Das Gewissen kennzeichnet somit die Einbruchstelle des „Apriorischen" in unsere moralische Existenz. *Vor* aller Erfahrung gibt es eine Instanz, die uns unfehlbar sagen kann, was „gut" und was „nicht gut" ist. (→ a priori/a posteriori)

Natürlich ist diese Bedeutung des Gewissens im Laufe der Wissenschaftsgeschichte bezweifelt worden.

Einwände:

1. Einwand: Außenlenkung. Vor allem Psychologen und Soziologen sowie die Marxisten haben die These vertreten: das, was wir „Gewissen" nennen, in Wirklichkeit nichts anderes sei als der Niederschlag bestimmter sozialer → Normen. Das bedeute: das Gewissen sei nichts weiter als die Angst vor einer Bestrafung aufgrund der Verletzung geltender Normen. Das schlechte Gewissen eines Menschen, der gestohlen oder gemordet hat, sei nichts weiter als eine Furcht davor, nach Entdeckung der Tat ins Gefängnis zu müssen oder gar selbst mit dem Tode bestraft zu werden.

Nun ist klar, daß diese radikale Auffassung nicht haltbar ist. Gegen sie spricht, daß die meisten Menschen vor einem Mord offensichtlich nicht aus Angst vor Bestrafung zurückschrecken, sondern weil sie ihn spontan verabscheuen und daher keine Strafandrohung brauchen.

2. Einwand: Verinnerlichung. Hier greift ein neues Argument der Gegner der „Apriorizität" des Gewissens ein. Sie sagen: Natürlich wirken die gegebenen Normen nicht so primitiv und direkt mit Strafandrohungen. Vielmehr werden sie bereits den Kindern „subkutan" durch die Erziehung „ein-

geimpft", ohne daß sie es bemerken. Was wir daher für unser „Gewissen" halten, ist nichts weiter als das unbewußte „Geimpftsein" durch die Normen. Die Psychologen und Soziologen haben hierfür das Wort „Verinnerlichung" eingeführt: Wir haben die Normen so weit „verinnerlicht", daß wir gar nicht merken, daß sie ursprünglich von außen gekommen sind.

Widerlegung:

1. Argument: Außenlenkung. Das grobe Argument, wonach das Gewissen nur die Angst vor Strafe sei, läßt sich sehr leicht widerlegen. Denn wenn wir etwas gegen geltende Rechtsvorschriften Verstoßendes tun, unterscheiden wir sehr genau zwischen der Angst vor dem Ertapptwerden ohne schlechtes Gewissen und dem eigentlichen schlechten Gewissen. Hieraus folgt, daß das schlechte Gewissen als selbständige Instanz neben der bloßen Angst vor Strafe steht.

Ein Beispiel: Jemand, der von Terroristen gefangengesetzt wird und einen Fluchtversuch unternimmt, wird zweifellos große Angst ausstehen, von seinen Entführern zurückgeholt und getötet zu werden. Aber diese Angst hat nicht das mindeste mit einem schlechten Gewissen zu tun. Denn der Entführte weiß ja, daß seine Entführer ungesetzlich handeln und er selbst – „trotz" seiner Angst vor „Bestrafung" – im Recht ist.

Entsprechendes gibt es aber auch gegenüber staatlichen Instanzen. Zum Beispiel: Eine Militärregierung verhängt den Ausnahmezustand und erläßt ein Ausgehverbot. Geht ein Bürger nun trotzdem auf die Straße, wird er fürchterliche Angst haben, von einer Militärstreife aufgegriffen und womöglich standrechtlich erschossen zu werden. Trotzdem wird ihm jedes schlechte Gewissen fehlen, da er nicht einzusehen vermag, daß eine Verhaltensweise, die gestern noch selbstverständlich war, heute ein Verbrechen sein soll. Ähnliches gilt für zahlreiche Tatbestände, die nur im Kriegsfall zu Vergehen gestempelt werden: das Hören ausländischer Rundfunksender, das Nichtverdunkeln von Fenstern, das Einkaufen ohne Lebensmittelmarken.

2. Argument: Verinnerlichung. Wenn das Gewissen nichts weiter als die Verinnerlichung von Normen wäre, müßte es mit

diesen jeweils geltenden gesellschaftlichen Normen immer übereinstimmen. Gerade dies ist aber nicht der Fall. Ganz im Gegenteil: Das Stichwort „Gewissen" taucht gerade in der Umgangssprache immer dann auf, wenn es um Verstöße *gegen* geltende Normen geht. „Die Norm lautet so und so, *aber* mein Gewissen sagt mir dies und jenes" – *das* ist die Redeweise, die dann meist zu hören ist. Ganz eindeutig gilt dies zum Beispiel für die Männer vom 20. Juli 1944.

Dementsprechend heißt es im Artikel 4 Absatz 1 des Grundgesetzes: „Die Freiheit [...] des Gewissens [...] [ist] unverletzlich." Man fragt sich, wozu die Freiheit des Gewissens noch ausdrücklich garantiert werden müßte, wenn es ohnehin von vornherein mit den geltenden Normen übereinstimmt. Hier wird im Gegenteil vorausgesetzt, daß das Gewissen sehr leicht in *Konflikt* mit diesen Normen gerät und dann geschützt werden soll.

Artikel 4 Absatz 3 des Grundgesetzes lautet: „Niemand darf gegen sein Gewissen zum Kriegsdienst mit der Waffe gezwungen werden." Wenn das Gewissen nur Ausdruck der herrschenden Norm wäre, müßte es den Militärdienst stützen, und der Verweigerer müßte ein schlechtes Gewissen haben. Genau das Gegenteil ist der Fall: Das schlechte Gewissen hätte der Verweigerer – gemäß der Formulierung im Grundgesetz – eben dann, wenn er den Kriegsdienst leisten würde.

Das Gewissen ist also nicht Ausdruck, sondern, im Gegenteil, Korrektiv der herrschenden Normen.

Gleichheit, Identität

(Gleichheit: gr. isótēs, zu ísos ‚der gleiche, derselbe‘, ‚ähnlich‘; lat. aequalitas, paritas; zu aequus ‚gleich, in sich selbst gleich, eben‘; aequalis ‚gleich, gleich beschaffen‘; paritas zu par ‚der gleiche‘; Identität: gr. tautótēs, zu autós, autḗ, (t)autó(n) ‚der, die, dasselbe‘; lat. identitas, zu idem ‚ebenderselbe‘)

Gleichheit und Identität sind sowohl alltagssprachlich wie auch wissenschaftlich (logisch und mathematisch) nicht immer leicht zu unterscheiden. Man sagt etwa: Identität liegt nur dann vor, wenn ein Gegenstand sich selbst gleich ist. Jedoch: Was bedeutet „sich selbst gleich"?

Einen ersten Anhaltspunkt für die schwierige Erörterung bietet das Beispiel: Ich fahre jeden Morgen mit dem *gleichen* Bus 7.44 Uhr. Ob es immer *derselbe* Bus ist, das heißt das identische Fahrzeug, weiß ich nicht, und es ist mir auch gleichgültig.

Erst der Begriff der → Abstraktion verhilft uns dazu, den Begriff der Gleichheit zu verstehen. Denn die Abstraktion ist stets ein Übergang von ungleichen zu gleichen Gegenständen, indem wir von Eigenschaften absehen, die Gegenstände ungleich machen, und nur diejenigen Eigenschaften betrachten, die sie gleich machen.

Hieraus folgt: Gleichheit und Ungleichheit gibt es immer nur in bezug auf bestimmte Eigenschaften der gegebenen Gegenstände. Zwei Gegenstände sind niemals absolut gleich oder ungleich, sondern immer nur gleich oder ungleich in bezug auf bestimmte Eigenschaften. So sind die Wörter „Eiche" und „Fichte" nur in bezug darauf gleichzusetzen, daß sie beide Bäume bezeichnen – jedoch nicht in bezug auf die Eigenschaften der Bäume, die sie bezeichnen.

Entsprechend sind die Wörter „Schlips" und „Krawatte" darin gleichzusetzen, daß sie beide den gleichen Gegenstand bezeichnen, jedoch nicht in bezug auf ihre Buchstaben bzw. Lautfolge.

Gleichheit gibt es also immer nur „in bezug auf". So kann ich etwa jeden Morgen mit dem *gleichen* Bus, nämlich um 7.44 Uhr ab der Haltestelle Ecke Ottostraße, zur Arbeit fahren. Natürlich handelt es sich nicht immer unbedingt um *denselben* Bus, das heißt, ein bestimmtes, durch Zulassungs-, Betriebs-, Fahrgestell- und Motornummer eindeutig identifiziertes Fahrzeug der Verkehrsgesellschaft. Das kann mir auch gleichgültig sein, und meist bemerke ich auch gar nicht, „welcher" Bus nun jeweils fährt. Praktisch wichtig ist für mich nur, daß ich jeden Tag zur gleichen Zeit die gleiche Strecke fahre und an der gleichen Haltestelle wieder aussteige, um zur Arbeit zu gehen.

Die Zeichenfolgen VII, 4 + 3, 7, 28 : 4 sind „gleich" insofern, als sie alle die Zahl „sieben" bezeichnen, dagegen sind sie als Zeichen für Zahlen, als „Ziffern", natürlich verschieden.

Handeln, Handlung
(gr. präxis; lat. ạctio)

Wir unterscheiden zwischen Erkennen und Handeln, zwischen
→ Theorie und Praxis. „Erkennen" oder „Theorie" ist das
bloße Erblicken, Wahrnehmen von etwas, das sich durch unser
Wahrnehmen nicht ändert. „Handeln" oder „Praxis" dagegen
ist das Verändern eines Zustandes, einer Situation, eines
→ Sachverhaltes durch unser Eingreifen, durch unsere Hand
(daher eben „handeln"). Handlungen sind etwa: Im Garten
graben, zum Bus gehen, ein Buch lesen, ein Werkstück herstellen, als Leiter einer Institution, als Politiker, als Wähler eine
Entscheidung treffen, tanzen, Flöte spielen.

Nicht jede menschliche Tätigkeit muß eine „Handlung"
sein. Tätigkeiten wie Husten, Stolpern, Atmen, das automatische Schließen der Augen, wenn sich ein Gegenstand auf sie zu
bewegt, Gähnen, Schlafen können wir nicht, ebensowenig wie
„Stimmungen" (Schreck, Angst, Erregung, Mißtrauen, Kum-
mer, Freude oder Wut), als „Handlungen" bezeichnen. In diesen Fällen sprechen wir von „Verhalten". Wie aus einem Teil
unserer Beispiele schon deutlich wird, können sich auch Tiere
„verhalten": atmen, gähnen, schlafen. „Verhalten" können sich
Tiere und Menschen, „handeln" kann nur der Mensch.

Das „Verhalten" ist oft nur eine automatische oder „in-
stinktive" Reaktion auf äußere Einwirkungen oder gar nur ein
„Reflex" wie das Atmen.

Das Handeln dagegen ist eine bewußte, auf ein bestimmtes
Ziel hin orientierte Tätigkeit.

Den Unterschied zwischen menschlichem Sichverhalten und
Handeln könnte man etwa an folgendem Beispiel klarmachen:
Wenn wir stolpern, so *verhalten* wir uns nur. Schnitzen wir
uns jedoch einen Spazierstock, um künftiges Stolpern zu vermeiden, so *handeln* wir.

Hermeneutik
(gr. hermēneutikế (téchnē) Auslegekunst, zu (gr. hermēneúō ‚erklären, aus-
sprechen, darstellen, auseinandersetzen, auslegen, verdolmetschen, übersetzen')

Wie schon die Bedeutungen des griechischen Wortes zeigen, hat es die Hermeneutik von Anfang an mit komplexen Gegenständen oder „Zusammenhängen" zu tun: es soll etwas erklärt, auseinandergesetzt, ausgelegt werden. Das bedeutet: es ist bereits ein → „Ganzes" da, dessen → „Sinn" klargestellt werden soll.

Am klarsten ist diese Funktion der Hermeneutik bei fremdsprachigen Texten: wir sind im Ausland und wollen die Bedeutung eines Schildes verstehen. An einer amerikanischen Autobahnstrecke steht etwa die Tafel *Merging traffic* – es ist also lebenswichtig für uns zu wissen, was „merging" heißt (angenommen, wir wissen bereits, was „traffic" bedeutet); „to merge" bedeutet: ‚verschmelzen, aufgehen lassen in, einverleiben, fusionieren'. Also: Der von der Seite einmündende Verkehr soll sich einfädeln, man soll sich vor einscherenden Fahrzeugen in achtnehmen. Die Eigenart solcher Übersetzungen ist also: was der fremde Text sagen will, ist absolut eindeutig – und muß es, aus für alle Beteiligten lebenswichtigen Gründen, auch sein. Ich kann also nichts Beliebiges, sondern muß etwas Bestimmtes verstehen.

Dies gilt natürlich auch für muttersprachliche Texte. *Schlecht und recht* – wieso soll etwas schlecht sein, wenn es doch recht ist? Hier liegt die ursprüngliche Bedeutung von „schlecht", nämlich ‚schlicht', ‚glatt', ‚eben' zugrunde.

Das seltsame Wort *Lebensmittelpunkt* bedeutet nicht ‚Supermarkt', sondern ‚Ort, an dem man tatsächlich überwiegend lebt', also Lebens-Mittelpunkt, nicht: Lebensmittel-Punkt.

Auch in diesen Fällen steht eindeutig fest, was gemeint ist, und das gilt auch für schwierigere Fälle:

Es ist ein Gedicht des achtjährigen Goethe an seinen Großvater Textor erhalten, in dem er ihm wünscht, er möge noch lange „Moeninens Ruder führen".

Was bedeutet das? Der Brockhaus versagt; aber im lateinischen Wörterbuch finden wir *Moenus: der Main*. Wir erinnern uns: Goethes Heimatort, die Freie Reichsstadt Frankfurt, liegt am Main; also könnte sie mit Moenina/e gemeint sein – und dazu fällt uns ein, daß der Großvater Textor ja Bürgermeister dieser Stadt war.

Einige Philosophen vertreten die Auffassung, daß die Hermeneutik es nur mit solchen Fällen von Texten zu tun habe, die sehr schwer und nie eindeutig zu klären sind – also mit manchen Bibeltexten, mit Texten sehr „dunkler" Schriftsteller und Dichter – daß also eindeutig zu verstehende Texte gerade nicht Gegenstände der Hermeneutik seien.

Eine solche Vorstellung scheint mir ungereimt zu sein, denn ich kenne kein anderes Wissenschaftsgebiet, das nur mit nicht eindeutigen Fällen zu tun hat. Die Logik wie auch die Mathematik beschäftigen sich natürlich auch mit ganz elementaren Sachverhalten ihres Bereiches, ohne daß man behaupten könnte, die elementare Logik oder die elementare Mathematik seien nicht mehr Logik oder Mathematik.

Außerdem entstünde folgendes Dilemma: Da die elementaren Fälle der Hermeneutik – nach Art unserer Beispiele – *in jedem Falle* in den Bereich irgend einer Wissenschaftsdisziplin fallen würden, müßte man erstens für diese besondere Disziplin eine Bezeichnung haben und zweitens eine Trennlinie zwischen beiden Disziplinen ziehen können. Letzteres ist aber unmöglich, da ich einem hermeneutischen Problem nicht von vornherein ansehen kann, ob es lösbar ist oder nicht. Es ist jedoch undenkbar, von einem gegebenen Problem nicht wissen zu können, in welche Disziplin es gehört. Fazit: Es ist unsinnig, eine solche Trennung überhaupt nur zu diskutieren, und entscheiden das Einfachste, eine einheitliche Disziplin „Hermeneutik" anzunehmen, gleichgültig, wie elementar oder kompliziert ein Problem ist.

Historische Methode
Die historische Methode ist die Methode, mit der die Geschichtsforschung arbeitet. Sie besteht im wesentlichen aus zwei Komponenten, die vielfältig miteinander verflochten sind: der Technik der Quellenforschung und der → Hermeneutik. Hinzu kommen bei Bedarf andere Methoden.

1. Quellenforschung. Geschichtsforschung besteht nicht dar-

in, daß man alle Bücher über Kaiser Friedrich Barbarossa liest und dann alles über ihn weiß. Geschichtsforschung heißt vielmehr: zunächst einmal die Voraussetzungen dafür schaffen, daß Bücher über Barbarossa geschrieben werden können. In vielen Fällen geht es darum, den historischen Sachverhalt aus allen möglichen verstreuten Indizien zu rekonstruieren. Der Historiker ist dem Kriminalisten vergleichbar. Zusammenhängenden Erzählungen glaubt er nicht unbedingt, sondern versucht, die Wahrheit in Kleinarbeit am kleinsten Detailgegenstand zu ermitteln.

„Quellen" sind nicht etwa nur ausdrücklich erzählende Berichte, wie Annalen oder Chroniken, sondern auch Briefe und Aktenstücke, die nicht explizit der Nachwelt etwas erzählen wollen, sondern im Laufe der Geschäfte einfach so entstanden sind und vom Historiker nachträglich als Material ausgewertet werden. „Quellen" können auch nichtschriftliche Gegenstände sein, wie Bauwerke, Geräte oder Kunstwerke – auch in Form kleinster Überbleibsel (etwa Scherben von Küchengeräten).

2. Die → Hermeneutik dient dazu, als Quellen gegebene sprachliche Texte, aber auch nichtsprachliche Quellen wie Kunst- und Bauwerke, daraufhin zu prüfen, was sie „sagen wollen".

3. Bei Bedarf werden auch nichthistorische Methoden angewendet (wie etwa induktive), speziell statistische Methoden.

Je näher man an die Gegenwart herankommt, desto vielfältiger wird das Quellenmaterial und mit ihm die anzuwendenden Methoden. Hier ist an audiovisuelle Medien und neuerdings auch elektronische Aufzeichnungen zu denken.

historisch/systematisch

„Systematisch" bedeutet ursprünglich einfach ‚nach Art eines Systems', ‚geordnet (darstellend oder dargestellt)', ‚planmäßig, folgerichtig (vorgehend)', wie es uns auch in der Alltagssprache geläufig ist. Als dann aber das historische Bewußtsein (→ Geschichte) und im Zusammenhang damit die → historische Methode entstand, bekam „systematisch" den Beiklang eines Gegenbegriffes zu „historisch" mit der Bedeutung ‚nicht historisch', ‚ahistorisch', ‚nur das Problem als solches ins Auge fassend, ohne Rücksicht auf die zeitlich-genetische Dimension'.

„Systematisch" dachte die vorhistorische Wissenschaft – und viele Wissenschaftsbereiche bis heute –, und ebenso der normale Alltagsmensch. Er sieht die Welt nicht objektiv abwägend, sondern im Lichte der eigenen Vorstellungen und Interessen. Man hat ein festgefügtes Weltbild, man weiß genau, was wahr und falsch, was gut und schlecht ist. Wer anderer Meinung ist oder auf andere Weise lebt, vertritt nicht andere – grundsätzlich ebenso berechtigte – Meinungen oder Lebensformen, sonder hat unrecht und ist ein minderwertiger Mensch.

Da die historische Sichtweise nicht alle Wissenschaften ergriffen hat, unterscheidet man heute zwischen historischen und systematischen Wissenschaften. Um es sehr vereinfacht zu zeigen:

Die Musikgeschichte ist eine historische Wissenschaft, weil sie *jedes* Musikwerk als „in sich" wahr und wertvoll ansieht.

Die Mathematik ist eine systematische Wissenschaft, weil sie zum Ziel hat, zu sagen, was *heute und hier* als „wahr" zu gelten hat.

Der Mathematiker betrachtet nicht das Werk von Gauß, um sich an dessen So-und-nicht-anders-Sein zu erfreuen (das tut allerdings der Mathematik*historiker*), sondern er schafft neue Mathematik.

Der Begriff der „historischen" im Gegensatz zur „systematischen" Sichtweise geht weit über die Geschichtsforschung hinaus. Auch im Alltagsleben sind zahlreiche Menschen immer wieder genötigt, von ihrer persönlichen Meinung abzusehen und fremden Meinungen Gerechtigkeit widerfahren zu lassen.

Ein Mitarbeiter in einem Wahllokal kann sehr wohl eine ausgeprägte politische Überzeugung haben, der er auf seinem eigenen Wahlzettel natürlich auch Ausdruck verleihen wird. Aber er darf niemanden veranlassen, die Partei seiner Wahl zu wählen oder jemanden beschimpfen oder gar tätlich angreifen, von dem er annimmt, daß er anders wählt als er selbst. Bei der

Auszählung der Stimmen darf er keine Fälschungen zugunsten seiner eigenen Partei begehen, auch wenn er noch so dogmatisch denkt.

Ein Richter muß ein bestehendes Gesetz stets nach bestem Wissen und Gewissen auslegen – auch wenn er als Privatmann mit diesem Gesetz nicht einverstanden ist. So werden viele Richter die geltende Gesetzgebung zur Abtreibung entweder für zu streng oder für zu liberal halten – aber sie haben korrekt nach dem Sinn des Gesetzes zu verfahren.

Ein Übersetzer muß einen Text so übersetzen, daß das vom Autor Gemeinte so genau wie möglich in der anderen Sprache wiedergegeben wird – auch wenn der Übersetzer anderer Meinung ist. Das gleiche gilt für Zitate, die auch dann getreu wiedergegeben werden müssen, wenn der Zitierende eine andere Auffassung vertritt. In allen Fällen geht es darum, daß der Betroffene aus Pflichtbewußtsein, Korrektheit oder auch anerzogener Sachlichkeit etwas toleriert, das ihm „gegen den Strich" geht.

Hypothese
(gr. hypóthesis ‚das Daruntergelegte, Unterstellung, Voraussetzung, Annahme')

Eine Annahme oder Vermutung, zu der ich durch Beobachtung gelange. Wir unterscheiden Einzelhypothesen und Gesetzeshypothesen.

I. Gegenstand der *Einzelhypothese* ist eine einfache Einzeltatsache, die nicht ihrerseits etwas „erklären" soll, sondern bereits selbst der Endpunkt des Erkenntnisprozesses ist. Die Sicherung und Bestätigung einer Einzelhypothese ist Selbstzweck. Sie ist typisch für die historische Forschung, in der es in der Regel um einen Einzelsachverhalt geht. Man will etwa nachweisen, daß Bach ein bestimmtes Werk nicht, wie bisher angenommen, erst um 1740, sondern bereits um 1725 geschrieben hat. Grundlage einer solchen Hypothese können gegebenenfalls rein innermusikalische, etwa stilistische Gesichtspunkte sein – in der Praxis sind es allerdings eher außermusikalische, wie etwa das Wasserzeichen in dem benutzten

Notenpapier oder auch biographische Sachverhalte, die sich aus Akten ergeben.

II. Die induktiven Wissenschaften haben es dagegen in der Regel mit *Gesetzeshypothesen* zu tun. Eine Gesetzeshypothese ist eine Vermutung hinsichtlich einer bestimmten Gesetzmäßigkeit, die ich aus Beobachtungen gewinne. Ein Beispiel: Wir beobachten die scheinbaren Bewegungen von Planeten am Sternhimmel und schließen daraus, daß sich die Planeten gemäß den Keplerschen Gesetzen in kreisnahen Ellipsen um die Sonne bewegen.

Die Keplerschen Gesetze stellen eine Gesetzeshypothese dar, solange sie nur vermutet werden, aber noch nicht bestätigt sind. Einen inhaltlichen Unterschied zwischen Gesetzen und Gesetzeshypothesen gibt es also nicht. Sie werden mit den gleichen Worten formuliert und unterscheiden sich nur durch ihren Sicherheits- oder Bestätigungsgrad.

Idealismus
(über neulat. idẹa von gr. idéa, eīdos, ‚Urbild, Idee, Begriff‘ und eídōlon ‚Gestalt, Bild, Abbild‘)

Seit dem 18. Jahrhundert die Bezeichnung für die philosophische Lehre, nach der die Ideen (eídē, Singular eīdos ‚Urbild‘) das eigentlich Wirkliche – und das, was wir wahrnehmen, nur die Abbilder (eídōla, Singular eídōlon ‚Abbild‘) dieses Wirklichen sind. Da nach dieser von Platon hergeleiteten idealistischen Auffassung die Ideen das eigentlich Wirkliche, die „res", sind, wurde das, was für uns heute Idealismus ist, im Mittelalter → Realismus genannt. Gerade das Höchste war real: Gott als ens realissimum, als allerrealstes Wesen.

In der frühen Neuzeit trat dann die res, die idea, das, was eigentlich dahintersteht, hinter dem zurück, was an eídola, an Abbildern dieser Wirklichkeit, wahrgenommen wird. So konnte Berkeley zu dem Satz kommen: esse est pẹrcipi, Sein ist Wahrgenommenwerden; das heißt: Das, was wir für die Sache selbst halten, weil wir es sehen, ist in Wirklichkeit nur der Wahrnehmungsinhalt.

Im Alltagssprachgebrauch wird „Idealismus" im ethischen

Sinne verstanden: Ein „Idealist" ist jemand, der sich für eine
„Idee" aufopfert und daher nicht nach Glück und materiellen
Gütern strebt.

Entsprechendes gilt für den Gegenbegriff „Materialist", der
ebenfalls im Alltagsgebrauch in ethischem Sinne verwendet
wird: für den Banausen, den Egoisten, der nur nach Profit
strebt.

Die erkenntnistheoretische und die ethische Verwendung
beider Begriffe können also einander widersprechen. So waren
etwa theoretische Materialisten wie Marx ethisch gesehen
„Idealisten", weil sie ihr Lebensglück einer Idee, der des So-
zialismus, aufopferten. Umgekehrt kann ein theoretischer
Idealist natürlich im täglichen Leben ein krasser „Materialist"
sein.

Ideologie

Als idéologie eine französische, nicht unmittelbar auf griechische Vorprägung zurückgehende Neubildung um 1800.

Ideologie, ganz wörtlich also: Lehre von den Ideen, kann in
zwei Formen auftreten: als falsche *Vor*stellung und als falsche
*Dar*stellung. Das heißt: Entweder hat jemand eine falsche
Vorstellung von etwas und gibt diese guten Glaubens an andere weiter – oder er kennt die Wahrheit, spiegelt aber der Umwelt bewußt etwas anderes vor. Bei einem Diktator oder dem
Propagandaminister eines totalitären Staates kann man also
beides vermuten: Entweder er glaubt wirklich an seine Lehre
oder erfindet sie bewußt, um die Menschen in die Irre zu führen.

Ideologie gibt es aber nicht nur im Zusammenhang mit totalitären Regierungen (hier wird nur besonders deutlich, was
sie bedeutet). Ideologie kommt vielmehr in allen gesellschaftlichen Verhältnissen vor, weil niemand von seiner jeweiligen gesellschaftlichen Situation völlig unabhängig ist. So ist zum Beispiel keine „neutrale" Volkswirtschaft denkbar (→ Werturteil),
und das Gesellschaftsbild, das jemand hat, kann sehr stark von
seiner eigenen Position in eben dieser Gesellschaft abhängen.
Max Scheler hat eine „Oberklassen"- und eine „Unterklas-

sen"-Ideologie unterschieden und beiden Klassen folgende Gegenbegriffe zugeordnet:

Oberklasse:

Idealismus; Betonung von Erbanlagen und angeborenen Eigenschaften – und dementsprechend des → „apriorischen" Wissens; „Vergangenheit gut/Zukunft schlecht".

Unterklasse:

Realismus bzw. Materialismus; Betonung von Umweltfaktoren bei der Entwicklung des Menschen – und dementsprechend des → „aposteriorischen" Wissens; der Erfahrung, des Lernens und der empirischen Forschung; „Vergangenheit schlecht/Zukunft gut".

In der Konsequenz der Schelerschen Ideologienlehre liegt natürlich der Schluß, daß jede denkbare Position in irgendeiner Hinsicht ideologisch ist.

Demgegenüber vertritt der Marxismus die These, daß alle anderen Positionen ideologisch seien, nur seine eigene nicht. Dies dürfte die absurdeste Ideologie sein, die sich denken läßt. Denn: Der landläufige Totalitarismus vertritt seine Ideologie nur naiv, ohne den Begriff der Ideologie zu besitzen; wer jedoch ausdrücklich mit ihm operiert, sich selbst aber von jeder Betroffenheit ausnimmt, handelt unverantwortlich.

Indikator
(lat. indicāre ‚anzeigen, bekannt machen')

Die Indikatoren sind neben den → Prädikatoren und → Eigennamen eine für die Logik zentral wichtige Wortklasse. Wie die Prädikatoren, so können auch die Indikatoren verschiedenen Wortarten (im grammatischen Sinne) angehören.

Indikatoren sind „relative" Wörter, das heißt solche Wörter, die nur in ihrer Beziehung auf eine bestimmte Situation verständlich werden.

Der Ausdruck „dies ist ein Tisch" ist nur verständlich, wenn der Sprechende gleichzeitig auf den Gegenstand zeigt, den er meint, und der Angesprochene anwesend ist, um zu sehen, auf welchen Gegenstand der Sprecher zeigt. Ein Indikator ist also situationsabhängig. Um ihn auch außerhalb einer bestimmten

Situation verständlich zu machen, muß man ihn durch einen Eigennamen ersetzen. Wenn wir telefonieren, sagen wir zum Beispiel nicht „Dieser ... läßt schön grüßen", verbunden mit einem Zeigen, sondern werden sagen: „Peter läßt schön grüßen".

Grammatisch gesehen, sind Indikatoren vor allem:

Pronomina, wie „ich", „du", „wir", „sie", „dieser", „jener".

Adverbien, wie „hier", „dort", „hinten", „oben", „links"; „heute", „morgen", „vorhin", „sofort".

Die Relativität solcher Wörter ist augenfällig: „ich" bezeichnet die jeweils sprechende Person, ohne daß man damit immer gleich weiß, um wen es sich handelt; so wenn am Telefon oder an der Türsprechanlage jemand sagt: „Ich bin hier!"

Ebenso sind „hier" oder „gestern" immer darauf bezogen, wo und wann sie gerade ausgesprochen werden.

Indikatoren können mit Hilfe von → Eigennamen und Daten in „absolute", das heißt von der jeweiligen Situation losgelöste Angaben umgewandelt werden. „Wir sind heute hier" läßt sich also entschlüsseln als „Hans und Grete sind am 10. Januar 1997 in Hamburg".

Induktion
(lat. indŭctio ‚Hineinführung, Hineinleitung'; gr. epagōgé)

Unter Induktion verstehen wir den Schluß von einzelnen Fällen auf ein dahinterstehendes Gesetz, das dann auch auf andere, noch nicht bekannte Fälle anwendbar ist.

Beispiel: Wir haben bislang nur weiße Schwäne gesehen. Daraus leiten wir das Gesetz (Allsatz) ab: „Alle Schwäne sind weiß" und erwarten nunmehr, auch in Zukunft nur weiße Schwäne zu sehen.

Hieraus wird schon ersichtlich: Der Induktionsschluß ist immer unsicher. Schon ein einziger Gegenfall (also etwa ein schwarzer Schwan) muß ihn außer Kraft setzen.

Ein boshafter Mathematiker hat einmal gesagt: „Der Physiker stellt fest, daß die Zahl 120 durch 1, 2, 3, 4, 5, 6, 8, 10 und 12 teilbar ist. Also erklärt er 120 auch für durch 7, 9 und 11 teilbar."

Durch Induktion können also keine allgemeinen Gesetze aufgestellt werden. Sie leistet jedoch etwas anderes: die Feststellung, wie sich die verschiedenen Ausprägungen eines Merkmals, also etwa die Farbe von Schwänen, quantitativ etwa verteilen. Zu diesem Zweck zieht man eine → Stichprobe, von der man annimmt, daß sie die Gesamtverteilung so gut wie möglich „repräsentiert", und zählt dann die gefundenen Merkmalsausprägungen aus.

Nach dieser Methode arbeitet zum Beispiel die Meinungsforschung. Sie zieht eine Stichprobe von vielleicht tausend oder zweitausend Bürgern und sagt dann, daß 50 Prozent die Meinung A, 40 Prozent die Meinung B vertreten und die restlichen 10 Prozent unentschlossen sind. Ebenfalls auf Induktion beruhen die „Hochrechnungen" in der ersten Stunde nach Schließung der Wahllokale.

Die sogenannte „vollständige Induktion" ist in Wahrheit keine Methode der Induktion, sondern der → Deduktion.

Information
(lat. informatio ‚Darlegung, Erläuterung, Deutung, Vorstellung', zu informare ‚eine Gestalt geben, bildend gestalten, unterrichten')

„Information" klingt ganz modern – und ist doch ein Wort des klassischen Lateins.

Der Hauslehrer früherer Jahrhunderte wurde als „Informator" bezeichnet. Das Wort „Information" bedeutet ursprünglich nichts anderes als sein scheinbar extremer Gegenpol: nämlich ‚Bildung'.

In unserem Jahrhundert wurde das Wort zum Inbegriff der Übermittlung von Nachrichten.

Im Zusammenhang mit Ergebnissen der Zeichenlehre oder → Semiotik entwickelte man den Begriff des Elementes der Information. Man erkannte, daß sich selbst komplexeste sprachliche Texte, Zahlen und mathematische Formeln mit Hilfe von nur *zwei Zeichenelementen* ausdrücken lassen: beispielsweise 0 und 1. Eine Frühform dieser Darstellung von Buchstaben und Ziffern durch zwei Zeichenelemente stellt die geniale Erfindung des *Morsealphabetes* dar. Jedes Zeichen wird durch eine Kombination kurzer und langer Töne (akustisch) oder Striche (optisch: • und –) dargestellt. Nach den Regeln der Variationsrechnung kann man aus zwei Zeichenelementen • und – 2 Zeichen mit je 1 Element, 4 Zeichen mit je 2 Elementen, 8 Zeichen mit je 3 Elementen und 16 Zeichen mit je 4 Elementen (und weiter 32 Zeichen mit je 5 Elementen, allgemein: 2^n Zeichen mit je n Elementen) bilden. Wenn wir nun jedem dieser Zeichen aus • und – jeweils einen Buchstaben des Alphabetes zuordnen, können wir $2 + 4 + 8 + 16 = 30$ Buchstabenzeichen bilden, also genug für die 26 Normalbuchstaben und – im Deutschen – noch für ä, ö, ü und ch.

Mit der Weiterentwicklung der Zeichentheorie einerseits und der Nachrichtenelektronik andererseits erkannte man, daß das Morsesystem nicht zwei, sondern drei, ja genaugenommen sogar vier verschiedene Zeichenelemente enthält: außer den • und – auch noch die winzigen Zwischenräume zwischen den Elementen eines Zeichens und die Pausen zwischen den ganzen Zeichen, um sie voneinander abgrenzen zu können. Die Umsetzung des Namens „Morse" in die Morsezeichen:

$$-- \quad --- \quad \bullet - \bullet \quad \bullet \bullet \bullet \quad \bullet$$
$$\text{m} \qquad \text{o} \qquad \text{r} \qquad \text{s} \qquad \text{e}$$

enthält also winzige Zwischenräume innerhalb der einzelnen Zeichen und Pausen zwischen den Zeichen.

Nunmehr erklärte man auch die „stummen" Stellen eines Morsetextes – also die stromlosen Zustände – zu selbständigen Zeichenelementen, unterschied also nur noch zwischen *„kein Strom"* und *„Strom"* bzw. 0 und 1. Jetzt also nahmen 0 und 1 die gleiche Funktion ein wie vorher „kurz" und „lang". Das Zeichen für r wurde also gewissermaßen aus • – • zu 010. Das heißt: Man konnte durch bloßes Aufeinanderfolgen von „kein Strom" und „Strom", von „Aus" und „An" beliebig lange Folgen von Buchstaben, Ziffern und sonstigen graphischen Zeichen (etwa Rechenzeichen) darstellen. Hiermit war der „Computer" geboren.

Das Morsesystem hatte einen Vorteil: es kam mit Zeichen von bis zu vier Zeichenelementen aus, weil es Zeichen von ein bis

drei Zeichenelementen als selbständige Zeichen mit einbeziehen konnte. Weil zwischen den einzelnen Zeichen eine Pause
gemacht wurde, waren alle Zeichen eindeutig voneinander ab-
gegrenzt.

Wollte man nun die Morsezeichen in 0–1– Zeichen umsetzen (• > 0, und - > 1), hätte das Wort „Morse" statt - -   - - -
• - • • • • • lauten müssen: 111110100000.

Diese Folge ist aber nicht mehr eindeutig lesbar, da ja die
Abgrenzung der einzelnen Zeichen voneinander nicht mehr zu
erkennen ist.

Wie ist eine solche Abgrenzung möglich?

Das erste Erfordernis ist offenbar, alle Zeichen für Buchstaben, Zahlen und Rechenzeichen *gleich lang* zu machen,
das heißt aus gleich vielen Zeichenelementen bestehen zu lassen.

Um die Mindestzahl von 26 Buchstaben darstellen zu können, brauchte man also nunmehr fünf statt vier Zeichenelemente, aus den $2^5 = 32$ Zeichen hergestellt werden können. Im
Zweiersystem kann man, wie bereits erwähnt, keine Abgrenzung zwischen den einzelnen Zeichen mehr herstellen. Da der
stromlose Zustand, die 0, bereits zum Zeichenvorrat gehört,
gibt es keine Möglichkeit mehr, eine Pause zu machen, denn
diese müßte ja ebenfalls als 0 oder 00 oder 000 aufgefaßt werden. Man benötigt diese Abgrenzung jedoch nicht mehr: Die
Abgrenzung zwischen zwei Zeichen beruht – in unserem fünf-
elementigen System – nämlich nur darauf, daß mit dem 6., 11.,
16., 21. . . . . Zeichenelement ein neues Zeichen beginnt

Für ein vollständiges Zeichensystem genügt das Buchsta-
benalphabet natürlich nicht, da wir außer den Buchstaben zunächst die Ziffern brauchen, ferner Rechenzeichen aller Art,
mathematische und logische Symbole – und nicht zuletzt natürlich die Möglichkeit, den Buchstabenvorrat zu erweitern:
zunächst um die Großbuchstaben, dann um die Sonderbuch-
staben der einzelnen Sprachen, wie ä ö ü im Deutschen, é è ê
im Französischen usw., womöglich noch um das griechische
oder russische Alphabet und so fort.

Daher hat man vereinbart, für jedes Zeichen *acht* Zeichenelemente vorzusehen. Hiermit kann man also $2^8 = 256$ verschiedene Zeichen bilden.

Das einzelne Zeichenelement, das als 0 oder 1 erscheinen kann, nennt man *bit* (von engl. binary digit = binäre Ziffer = Ziffer im Zweiersystem) und die Achtergruppe, von der es 256 Möglichkeiten gibt, *byte*.

Die Zeichenelemente der Information lassen sich also über die Zeichen zu beliebig umfangreichen Texten zusammensetzen, und diese Texte enthalten dann die Information.

Entsprechend der dreistufigen → Semiotik können wir auch syntaktische, semantische und pragmatische Information unterscheiden.

Syntaktisch: wir sehen, daß es Information ist, wissen aber nicht, was sie bedeutet.

Semantisch: wir verstehen ihre Bedeutung, sehen uns aber nicht zu einem Handeln veranlaßt.

Pragmatisch: wir werden durch die Information zu einem bestimmten Handeln aufgefordert, zum Beispiel: durch eine Rechnung oder eine Vorladung.

Da nun die Information möglichst rationell übermittelt werden soll, ist der Begriff der „Redundanz" zentral (lat. redundantia ‚Überfülle im Ausdruck', von redundare ‚überströmen, überfließen, im Überfluß vorhanden sein' zu unda ‚fließendes Wasser, Woge, Strom'; „Überfluß" ist also eine „Lehnübersetzung" aus dem Lateinischen).

Einerseits soll man Redundanz, also Überflüssiges, vermeiden. Daher der „Telegrammstil". Statt „Ich komme morgen abend in München am Hauptbahnhof an": „An(komme) morgen abend" (wenn klar ist, um welchen Bahnhof es sich handelt).

Andererseits ist eine gewisse Redundanz bei der Nachrichtenübermittlung aber auch erforderlich, um die Verständlichkeit der Nachricht auch bei etwaiger Verstümmelung zu sichern. Empfehlenswert ist es zum Beispiel, Wochentag *und* Monatstag (etwa: Di 15.) zu nennen. Bei Nichtstimmigkeit kann der Empfänger rückfragen. Ebenso enthält auch unsere Buchstabenschrift viel Redundanz, so daß auch unvollständige Wörter rekonstruiert werden können. Auch die Möglichkeit, ein fehlendes Wort „aus dem Zusammenhang" erschließen zu können, beruht auf dem „hermeneutischen" Verständnis dieses Zusammenhanges, das informationstheoretisch also auch ein Fall der Redundanz ist.

Inhalt und Umfang eines Prädikators

Bei einem Prädikator unterscheiden wir den Inhalt (Intension) und den Umfang (Extension).

1. Der Inhalt eines Prädikators ist nichts anderes als seine → Bedeutung. Wir können daher sagen: Der Inhalt eines Prädikators ist das, was er uns zu verstehen gibt. Und zwar im täglichen Gebrauch, sofern es sich um ein Wort der Umgangssprache handelt – und durch ausdrückliche Vereinbarung, sofern wir einen wissenschaftlichen Prädikator, also einen Terminus, vor uns haben.

2. Der Umfang eines Prädikators dagegen ist die Gesamtheit aller Gegenstände, denen ein bestimmter Prädikator zugesprochen wird, also: die Gesamtheit aller Bäume, aller Häuser, aller roten Gegenstände.

Statt „Gesamtheit aller . . ." sagen wird jedoch genauer:

Die Klasse oder die → Menge aller . . .

In der Mathematik sprechen wir etwa von der Menge aller natürlichen Zahlen, aller geraden Zahlen, aller Primzahlen usw. Die Menge aller geraden Zahlen ist die Gesamtheit all jener Zahlen, denen der Prädikator „gerade" (durch 2 teilbar) zugeschrieben werden kann.

Inhalt und Umfang sind insofern einander genau zugeordnet, als sie sich jeweils auf denselben Prädikator beziehen. Jedem einzelnen Prädikator ist ein bestimmter Inhalt und ein bestimmter Umfang zugeordnet. Alles, was überhaupt ein Prädikator sein kann, hat sowohl einen Inhalt als auch einen Umfang.

Wenn wir nur jeweils einen Prädikator betrachten, können wir das Problem des Verhältnisses von Inhalt und Umfang noch nicht voll erfassen. Interessant wird es erst, wenn wir das Verhältnis von *zwei* Prädikatoren hinsichtlich ihres Inhalts und Umfanges betrachten.

Die Prädikatoren „Herz" und „Niere" haben offensichtlich verschiedene Bedeutung. Bilden wir nun aber mit ihrer Hilfe ein Prädikatorenpaar

„Lebewesen mit Herz" : „Lebewesen mit Niere",

so zeigt sich, daß beide Prädikatoren trotz ihrer offensichtlich unterschiedlichen Bedeutung auf genau die gleiche Menge von Gegenständen zutreffen – weil nämlich jedes Lebewesen, das ein Herz hat, auch über eine Niere verfügt, und umgekehrt. Dies ist jedoch der typische Fall der *Umfangs*gleichheit zweier Prädikatoren.

Unser Beispiel repräsentiert also den Fall

Inhalt verschieden/Umfang gleich.

Da es nun (nach den Regeln der Kombinationsrechnung) für die Kombination verschieden/gleich vier verschiedene Möglichkeiten gibt, seien noch die drei anderen kurz betrachtet.

Inhalt verschieden/Umfang verschieden:

Das ist der triviale Fall, der nicht weiter begründet zu werden braucht:

Nicht nur „Straßenbahnschaffner" und „Semikolon", sondern auch „Deutschsprechender" und „Schweizer" (in diesem Fall überschneiden sich die Umfänge beider Prädikatoren bekanntlich teilweise).

Inhalt gleich/Umfang gleich:

Dies gilt für alle Prädikatoren, die füreinander eingesetzt werden können; also für Synonyma, Gleichsetzungen, Übersetzungen und die beiden Seiten einer → Definition. Beispiel: „Schimmel" : „weißes Pferd".

Inhalt gleich / Umfang verschieden:

Dieser Fall ist ausgeschlossen, denn eine bestimmte Bedeutung (Inhalt) hat auch eine bestimmte Menge darunter fallender Gegenstände (Umfang) zur Folge. Ist dies nicht der Fall, so sind die fraglichen Prädikatoren auch nicht inhaltsgleich.

Beispiel: Wenn „Schlot" und „Schornstein" wirklich gleichbedeutend sind, muß ich jeden Schornstein auch „Schlot" nennen können und umgekehrt. Kann ich das nicht (etwa weil man Schornsteine von weniger als 30 Meter Höhe nicht „Schlot" nennen dürfte), so liegt eben keine Inhalts- (Bedeutungs-)Gleichheit vor. Mit dem gleichen Inhalt ist also immer der gleiche Umfang gegeben, aber nicht unbedingt auch umgekehrt.

Introspektion
(zu lat. introspicere ‚hineinschauen‘)

Die Introspektion, das In-sich-Hineinsehen, gilt in der geisteswissenschaftlichen Psychologie als legitime Erkenntnismethode, im Gegensatz zur Auffassung des → Behaviorismus. Man sagt etwa: Jeder Mensch – auch der Wissenschaftler – weiß aus eigener innerer Erfahrung, was „Liebe" ist und was in einem vorgeht, wenn man verliebt ist. Also bedarf es gar nicht des Umweges über von außen feststellbare Indizien, um etwas über die Liebe zu erfahren. Vielmehr genügt es, in sich selbst hineinzusehen und das aufzuschreiben, was man an psychischen Zuständen, Gefühlen usw. in sich entdeckt. Ob das, was ein bestimmtes Individuum zu Papier bringt, „richtig" ist oder nicht, kann ein anderes Individuum sehr wohl beurteilen, obwohl es nicht in dem anderen „drinsteckt", weil es selbst ähnliche Erlebnisse gehabt hat und diese Erfahrungen mit dem vergleichen kann, was andere darüber zu Protokoll geben.

Einerseits ist also auch das Beobachtungsprotokoll einer Introspektion sehr wohl intersubjektiv überprüfbar. Zum anderen ist die Introspektion der bloßen Beobachtung von außen offensichtlich darin überlegen, daß sie die gegebenen Sachverhalte viel feiner und differenzierter erfaßt. (→ Hermeneutik)

Invarianz
(lat. in ‚un-, nicht‘ und variare ‚wechseln, sich ändern‘, zu varius ‚verschiedenartig‘; also etwa: Unveränderbarkeit, -lichkeit)

Invarianz bedeutet in der Mathematik das Beharren eines mathematischen Gegenstandes in bestimmten Eigenschaften, wenn er bestimmten Operationen ausgesetzt wird, zum Beispiel: Eine Zahl ist invariant gegen eine Addition von 0 und eine Multiplikation mit 1: $3 + 0 = 3$ und $3 \cdot 1 = 3$ (doch nicht umgekehrt, denn $3 + 1 = 4$ und $3 \cdot 0 = 0$).

Oder: eine geometrische Figur ist in ihren Winkeln und im Verhältnis der Seiten und sonstigen Distanzen invariant gegen Vergrößerung und Verkleinerung.

In der Mathematik könnte man statt Invarianz also auch Konstanz (von lat. constāre ‚stillstehen, verharren‘) sagen.

Eigentlich interessant wird der Begriff der Invarianz in der Zeichenlehre. Hier bedeutet er das „Gleichbleiben" bzw. die Identifizierbarkeit einer Zeichengestalt gerade in deren Veränderung.

Beispiele: Seit langem laufen Versuche mit Klarschriftlesern, das heißt Geräten, die nicht nur Druckbuchstaben, sondern auch handschriftliche Zeichen, je nach Zweck, in weiterverarbeitbare Buchstabenzeichen oder synthetische Laute umsetzen sollen: Wie krumm und unvollkommen darf ein Buchstabe geschrieben sein, damit er noch automatisch entziffert werden kann?

Wie kommt es, daß wir das Gesicht einer bestimmten Person auch in den verschiedensten Beleuchtungen, den unterschiedlichsten Stimmungen, mit und ohne Kopfbedeckung und Brille, immer wiedererkennen? Insbesondere: Wie kann ein Zeichner diese Invarianz in der Varianz auch bei einem erfundenen Gesicht herstellen?

Wie kommt es, daß die Varianzbreite eines Zeichens trotzdem nicht größer ist als die Differenz zwischen einem Zeichen und einem anderen – daß also die „Gesichter" ein und derselben Person einander immer noch ähnlicher sind als jedes von ihnen mit einem Gesicht einer anderen Person und dessen Varianten?

Wieso bleibt die Handschrift eines Menschen gleich, ob er nun mit Bleistift auf Papier, mit Kreide an eine große Wandtafel oder mit einem Stock in Sand schreibt?

Wieso bleiben Stimmklang und Stimmduktus einer Person immer erkennbar, gleichgültig in welcher Sprache oder in welchem Dialekt innerhalb einer Sprache sie spricht? Und umgekehrt: Wieso ist der charakteristische Duktus eines bestimmten Dialektes, etwa des hamburgischen, fränkischen oder schwäbischen, erkennbar, auch wenn er von denkbar verschiedenen Stimmen gesprochen wird? Selbst ein Chinese kann seine

Schriftzeichen rasch mit dem Kugelschreiber hinwerfen. Wie „genau" muß er da sein? Genauer als ein Schreiber der lateinischen Schrift?

Junktor
(lat. iungere ‚verbinden, verknüpfen')

In der Grammatik kennen wir Konjunktionen wie „und" , „oder", „wenn", „weil", „aber", „obwohl", „daß" und so fort.

So wie wir Substantive, Adjektive und Verben in der Logik als Prädikatoren und bestimmte Adverbien oder Demostrativpronomina als Indikatoren wiederfinden, finden wir in der Logik bestimmte Konjunktionen auch als Junktoren (‚Verknüpfer') wieder, daß heißt, als Wörter, die geeignet sind, Sätze oder andere Ausdrücke miteinander zu verknüpfen.

Die wichtigsten dieser Junktoren sind „und", „oder", „entweder-oder", „weder-noch" und noch einige andere.

Eine zentrale Rolle in der Logik spielt der Junktor „wenn" (→ Bedingung; → Junktorenlogik).

Junktorenlogik

Die Junktorenlogik (oder → Aussagenlogik) hat es mit der Verknüpfung ganzer Sätze (Aussagen) durch → Junktoren zu tun.

Die fünf Grundjunktoren sind „und", „oder", „immer wenn", „nur wenn" und „immer und nur wenn".

Als Beispielsätze, die jeweils durch einen Junktor verknüpft werden sollen, wählen wir hier:

„Zweimal zwei ist gleich vier/fünf" und

„Der Himmel ist blau/grün".

Die Funktion solcher Sätze in der Junktorenlogik ist so zu verstehen:

Die beiden Sätze werden, jeder für sich genommen, durchaus auf ihren inhaltlichen „Wahrheitswert" hin beachtet: mit „vier" bzw. „blau" gelten sie als wahr, mit „fünf" bzw. „grün" gelten sie als falsch.

Anders steht es mit ihrer *Verknüpfung*, um die es bei der Junktorenlogik eigentlich geht. Da diese beiden Sätze, obwohl

in sich wahr oder falsch, *miteinander* inhaltlich nichts zu tun
haben, ist ihre *Verknüpfung* sinnlos und hat nur die Funktion,
den Sinn von Junktorenverknüpfungen deutlicher zu machen,
als dies mit sinnvollen Doppelsätzen wie „Immer wenn es regnet, ist die Straße naß" möglich wäre.

Zwei Beispielsätze.

1. „Immer wenn zweimal zwei gleich fünf ist, ist der Himmel blau."

Diese Satzverknüpfung ist als solche sinnlos – und trotzdem
läßt sich unter Berücksichtigung der inhaltlichen Wahrheit beider Teilsätze ihr Wahrheitswert feststellen:

Der Satz ist wahr. Und zwar deshalb, weil in einer denkbaren Welt, in der zweimal zwei fünf wäre, ja unabhängig davon
der Himmel trotzdem – wie in unserer gegebenen Welt – blau
sein könnte. Andererseits schließt das *immer wenn* ja nicht
aus, daß der Himmel auch dann blau ist, wenn zweimal zwei
gleich vier ist. Das „immer" schließt anderslautende Wenn-
Sätze eben nicht aus – wie das Beispiel von der Straße zeigt, die
auch dann naß werden kann, wenn es gar nicht regnet: – nämlich aus anderen Ursachen. (Anders wäre es natürlich, wenn
statt „immer" „*nur*" stünde.) (→ Bedingung).

2. „Immer wenn zweimal zwei vier ist, ist der Himmel grün."

Diese Satzverknüpfung ist falsch, denn sie verlangt, daß stets,
wenn zweimal zwei vier ist, der Himmel grün sein soll. Zweimal
zwei ist aber vier, und der Himmel ist trotzdem nicht grün.

Kalkül
(aus dem Fz. von lat. calculus ‚Kalksteinchen, Rechensteinchen')

Unter einem Kalkül versteht man eine Folge von Rechen-
schritten, die zur Erreichung eines bestimmten Rechenzieles
erforderlich sind. Diese Schrittfolge kann entweder einsichtig
sein (das heißt, man weiß, warum man es so und nicht anders
macht), sie kann aber auch rein mechanisch aufgrund einer
Anweisung erfolgen. Doch auch in diesem Fall liegt dem Kalkül oft eine ursprünglich verstandene Schrittfolge zugrunde,
die lediglich nachträglich mechanisiert, das heißt, nicht mehr in
ihrem Warum gegenwärtig gehalten wird.

Beispiel: unsere vertrauten Rechenverfahren für Addition, Subtraktion, Multiplikation, Division und Wurzelziehen. Wir wenden sie rein mechanisch an, können sie aber bei Bedarf auch nachvollziehen. Typisch für mechanisierte Kalküle sind alltagssprachliche Wendungen, die den ursprünglichen Sinn der Operation nicht mehr erkennen lassen: „einen im Sinn", „einen borgen", „runterholen" (Division), „übers Kreuz malnehmen" (Bruchrechnung, Verhältnisrechnung), „Hinüberschaffen" (Gleichunglösen).

„Algorithmus" wird teils als Synonym, teils als Unterbegriff zu Kalkül gebraucht. Das griechisch klingende Wort ist in Wahrheit eine Verballhornung von al Chwarismi, des Namens eines persischen Mathematikers im Mittelalter. Das ganz ähnlich klingende mathematische Fachwort „Logarithmus" ist hingegen wirklich griechisch, als Kunstwort im 17. Jahrhundert zusammengestellt aus lógos ‚Wort, Berechnung', und arithmós ‚Zahl'.

Kategorie

(zu gr. katēgoréō ‚anklagen, anzeigen, aussagen'; dies zu katḗgoros ‚Ankläger' [von agorá ‚Gemeindeversammlung']; lat. praedicamentum von praedicāre ‚ausrufen, aussagen')

Unter einer Kategorie versteht man einen grundlegenden Begriff.

Beispiele: Ausmaß (Quantität), Beschaffenheit (Qualität), Räumlichkeit, Zeitlichkeit und andere. Im Sprachgebrauch mancher philosophischer Traditionen wird das Wort mißbräuchlich auch einfach gleich „Begriff" gesetzt, zum Beispiel: „Die Kategorie der Verantwortung" = ‚der Begriff Verantwortung'. Die Alltagsbedeutung des Wortes „Kategorie": ‚Art, Gattung, Sorte, Klasse, Bereich' erklärt sich also als ‚unter einen Grundbegriff fallend'.

Der Begründer der Kategorienlehre war Aristoteles; das bekannteste spätere Kategoriensystem stammt von Kant.

Die einleuchtendste und interessanteste Kategorienlehre hat Nicolai Hartmann geschaffen, indem er sie mit seiner Schichtenlehre verknüpfte, die vier Schichten des Seins annimmt (→ Ontologie).

In diesem Sinne sind Kategorien die jeweils einer Schicht zugeordneten oder mehreren Schichten gemeinsamen Grundbegriffe.

Hartmann unterscheidet Kategorien, die nur einer Schicht, die zwei, die drei oder die allen vier Seinsschichten zugeordnet sind. Bei denjenigen Kategorien, die ein bis drei Schichten zugeordnet sind, unterscheidet er weiter – in der Sicht von der niedersten zur höchsten Schicht aufsteigend –, „abbrechende" Kategorien (die Kategorie ist in der [den] unteren Schicht[en] vorhanden, in der [den] oberen aber nicht mehr) und „neue" Kategorien („Nova", Singular „Novum") (die Kategorie ist in der [den] unteren Schicht[en] noch nicht vorhanden, setzt aber in der [den] oberen neu ein).

Bei vier Seinsschichten gibt es also folgende Möglichkeiten:

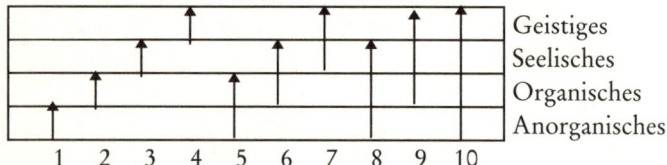

Geistiges
Seelisches
Organisches
Anorganisches

1, 5, 8: Abbrechende Kategorien
4, 7, 9: Neue Kategorien
2, 3, 6: Von unten her gesehen neue, von oben her gesehen abbrechende Kategorien
10: Ganz durchgehende Kategorien

Beispiele:

Die Kategorie der Räumlichkeit betrifft nur die anorganische und die organische Schicht; Seele und Geist sind unräumlich (Fall 5).

Die Selbstregulierung tritt als Novum im Organischen auf: die Materie kennt keine Selbstregulierung (Fall 9).

Die Kategorie der Zeitlichkeit geht, anders als die der Räumlichkeit, bis in die höchste Schicht hindurch, denn auch psychische und geistige Prozesse finden in der Zeit statt (Fall 10).

Kausalität

(zu lat. cạusa [von cạdere ‚fallen‘] ‚Fall, Angelegenheit, [Gerichts-]Sache, Ursache‘, auch: ‚Schuld‘; gr. aitía, aítion ‚Ursache, Schuld‘; dt. Ursache, eigentlich: ‚ursprüngliche Angelegenheit‘)

Das Bedeutungsfeld von causa ist, wie man sieht, sehr interessant. Causa und Ursache bedeuten eigentlich ‚Fall, gerichtliche Angelegenheit‘; causa, aitía, und sogar „Ursache" können auch ‚Schuld‘ bedeuten. Luther übersetzte gr. aítion, lat. cạusa im Ausspruch des Pilatus mit „Ursache", wo wir „Schuld" erwarten: „Ich finde keine Ursache an ihm" (Lukas 23,4).

Causa und „Ursache" bedeuten einen Sachverhalt, der einen anderen Sachverhalt, die „Wirkung", auslöst. Kausalität kann es in allen Schichten der realen Welt geben, von der anorganischen bis zur geistigen. Beispiel: Es regnet (Ursache), und die Straße wird naß (Wirkung).

Der Sachverhalt der Kausalität ist von ähnlichen, leicht mit ihm verwechselbaren, Sachverhalten streng zu trennen.

Im Bereich der deduktiven Methode ist ein Lehrsatz, aus dem ich einen anderen beweise, keine „Ursache", sondern eine *Voraussetzung*. In der formalen Logik braucht in dem Satz „Immer wenn a, dann b" b keineswegs die „Wirkung" der „Ursache" a zu sein (→ Bedingung; → Junktorenlogik).

In der inhaltsgebundenen Logik, in der Aussagen sinnvoll aufeinander beziehbar sind, gilt, daß die Aussage „(Immer) wenn es schneit, wird die Erde weiß" ein Kausalverhältnis darstellt. Wir nennen das Schneien dann die „hinreichende Bedingung". Dagegen ist in der Aussage „(Nur) wenn es schneit, laufe ich Ski" das Schneien nicht die Ursache für das Skilaufen, sondern eine nur notwendige, aber nicht hinreichende Bedingung. Als „Ursachen" (hinreichende Bedingungen) für das Skilaufen müssen hinzukommen: Ich kann Ski laufen, ich bin gesund, ich habe Zeit, ich habe Lust und so fort.

Für erhebliche Verwirrung in der Definition des Kausalitätsbegriffes hat leider Aristoteles, der Schöpfer des logischen Begriffes der Ursache, gesorgt, indem er auch eine „Zweckursache" (causa finalis) einführt, also etwa: „Mein Skilaufenwollen ist die Ursache dafür, daß ich mir die Skier anschnalle."

Es ist leicht zu sehen, daß es sich hier um ein Zweck-Mittel-Verhältnis, also ein Finalverhältnis(→ Finalität), handelt. Das Skilaufen ist der Zweck, das Anschnallen das Mittel.

Eine causa finalis ist ein hölzernes Eisen. Denn im Finalverhältnis entspricht der Zweck gerade der Wirkung und nicht der Ursache; die Ursache ist vielmehr das, was als Mittel eingesetzt wird: das Anschnallen der Skier (Ursache = Mittel) macht das Skilaufen (Wirkung = Zweck) möglich. (→ Finalität)

Trotz der gelegentlichen Gleichsetzung von „Ursache" und „Schuld" im Gr., Lat. und auch Dten gehört „Schuld" einem ganz anderen Bereich, nämlich dem der Ethik an. „Schuld" ist das, was mir das (apriorisch urteilende) Gewissen als moralische Verfehlung anrechnet. Natürlich beruht „Schuld" sehr oft auf einer physikalischen Kausalität (ich „verursache" einen Verkehrsunfall), ist aber selbst etwas anderes.

Schwierig wird die Erfassung des Kausalzusammenhanges, wenn mehrere Ursachen in Frage kommen. Dann kann man durch schrittweise Wegnahme von möglichen Ursachen die eigentliche feststellen.

Beispiel: Eine Taschenlampe brennt nicht. Liegt es an der Birne, an der Batterie oder an der Lampenmechanik (Schalter und/oder Andruckspirale)? Ich schraube die Birne in eine andere (funktionierende) Taschenlampe. Brennt sie nun, so ist die Batterie (vielleicht aber auch die Mechanik der Lampe oder beides) defekt. Brennt sie nicht, ist die Birne defekt (aber zusätzlich vielleicht auch die Batterie und/oder die Lampenmechanik). Also werde ich nunmehr die Batterie aus der funktionierenden Lampe nehmen und (bei defekter Birne) auch eine funktionierende Birne in die nicht brennende Lampe schrauben. Brennt sie nun, war die Batterie defekt; brennt sie nicht, muß es an der Lampenmechanik liegen.

Aber nicht nur im menschlichen Leben, sondern selbst bei komplizierteren technischen Geräten gibt es so etwas wie eine wechselseitige Kausalität. Häufige Erfahrung: Das Tonband a läßt sich auf dem Recorder A gut, auf dem Recorder B schlecht abspielen. Es ist jedoch möglich, daß das Tonband b sich auch auf dem Recorder B gut abspielen läßt. Zunächst vermuten wir

also, daß der Recorder B schadhaft ist; denn „ceteris paribus"
(das heißt hier: mit dem gleichen Tonband a) spielt er ja
schlechter. Doch dann läßt uns die zweite Erfahrung vermuten, daß das Tonband a schlecht ist; denn „ceteris paribus"
(das heißt hier: auf dem gleichen Recorder B) arbeitet ja das
Band a schlechter. Folgendes Diagramm soll dies veranschaulichen:

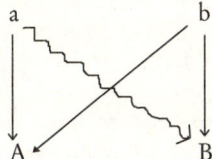

Die Beziehungen a-A, b-A und b-B sind gut; nur die Beziehung a-B ist schlecht. Es differieren also vom Band a aus gesehen die beiden Recorder A und B, und vom Recorder B aus gesehen die Bänder a und b.

Wahrscheinlich wird man hier, genau wie im menschlichen
Umgang, eine jeweils verschiedene „Chemie" zwischen Gerät
und Band annehmen müssen. Man stelle sich vor, *a* und *b* seien
zwei Frauen, *A* und *B* zwei Männer. Dann „kann" *a* mit *A* gut,
mit *B* schlecht; *a* wird also sagen: „Das liegt doch an *B*, denn
mit *A* kann ich ja." Andererseits aber „kann" *B* mit *b* gut, mit
a schlecht; *B* wird also sagen: „Das liegt doch an *a*, denn mit *b*
kann ich ja."

Im Zuge der modernen naturwissenschaftlichen For-
schungsergebnisse spricht man auch davon, daß die Kausalität
statistisch verstanden werden kann. Beispiel: Die an sich regel-
losen Bewegungen von Teilchen ergeben in ihrer Gesamtheit
eine bestimmte Tendenz und somit „Wirkung", ohne daß man
ein bestimmtes Teilchen als „verursachend" feststellen kann.
Es ist so ähnlich wie mit der Lufttemperatur im Frühling und
im Herbst, wo sich im einzelnen starke Auf- und Abbewegun-
gen zeigen, und trotzdem die Temperaturkurve im ganzen der
jahreszeitlichen Tendenz folgt.

Kennzeichnung
(Übersetzung von engl. definite [singular] description [B. Russell])

Kennzeichnungen sind gleichsam → Eigennamen, die zunächst aus → Indikatoren und → Prädikatoren gebildet werden, indem ein Prädikator durch einen Indikator auf einen bestimmten Gegenstand festgelegt wird.

→ Prädikatoren können jeweils beliebig vielen Gegenständen zukommen. Es gibt unbestimmbar viele Steine, Bäume, Bücher und so fort. Wollen wir einen bestimmten Gegenstand kennzeichnen, so können wir ihm einen Eigennamen geben. Wir kommen aber auch ohne Eigennamen aus, wenn wir eine Kennzeichnung verwenden.

Wir kennzeichnen also einen bestimmten Tisch durch einen Indikator: dieser Tisch. Die Kennzeichnung mit Hilfe eines Indikators teilt jedoch die Schwäche des Indikators selbst: Eine Indikator-Kennzeichnung ist ebenso situationsabhängig wie der Indikator, mit dessen Hilfe sie gebildet wird. Daher können wir innerhalb einer Kennzeichnung aus Prädikator und Indikator den Indikator auch durch einen Eigennamen ersetzen. Statt „dieses Auto" können wir dann auch sagen: „Peters Auto".

Solche Eigennamen-Kennzeichnungen wären etwa auch: „Die Innenstadt von Göttingen", „die Mündung der Elbe", „der Gipfel der Zugspitze".

Kommunikation
(lat. communicatio ,Mitteilung, Unterredung'; ,Mitteilung, mit der man gleichzeitig Rat sucht'; zu communicare ,gemeinschaftlich machen', ,gebend oder empfangend teilnehmen', ,mitteilen, teilhaben, Anteil nehmen, tragen helfen, sich besprechen'; zu communis ,mehreren oder allen gemeinsam, gemeinschaftlich, öffentlich')

Kommunikation ist also ein Wort mit einer schon im klassischen Latein verzweigten und inhaltlich reichen Bedeutungspalette. Das Grundwort und andere Ableitungen sind vielfältig in unserer Sprache vertreten: Kommune, Kommunalpolitik, Kommunismus, Kommunion.

Das Wort ist im 20. Jahrhundert sehr „lebendig" geworden und hat vor allem zwei Bedeutungen angenommen:

eine geistesphilosophisch-anthropologische und eine technische.

1. In anthropologischer Hinsicht wurde „Kommunikation" von Karl Jaspers eingeführt. „Kommunikation" steht hier in einer Reihe mit zahlreichen zu Anfang des 20. Jahrhunderts gebräuchlich gewordenen Wörtern wie Begegnung, Gespräch, Dialog, Ich-Du, Betroffenheit, Verantwortung und ähnlichen.

Gemeint ist in allen Fällen im wesentlichen das Angewiesensein der menschlichen Person auf den Austausch mit anderen menschlichen Personen – so wie es schon in den Grundbedeutungen im klassischen Latein angelegt ist: Mitteilung, die gleichzeitig Rat sucht, gebend und empfangend an etwas teilnehmen.

2. In technischer Hinsicht bedeutet Kommunikation soviel wie Nachrichtenübermittlung. Der technische Kommunikationsbegriff schließt auch Fragen der optimalen Formulierung für die Übermittlung, Kodierung von Texten und so fort ein, ist also in wesentlichen Bereichen gleichbedeutend mit Information.

In dem aktuellen Begriff „Massenkommunikationsmittel" fließen beide Begriffe der Kommunikation zusammen: der mitmenschliche und der nachrichtentechnische. (Der Bestandteil „Massen"- in diesem Wort ist keine überflüssige Imponierbeigabe, wie manche hyperkritische Zeitgenossen argwöhnen, sondern bedeutet tatsächlich die auf die Massen gerichteten Medien: Fernsehen, Rundfunk, Zeitungen, Publikumszeitschriften, Groschenliteratur. Demgegenüber stehen die Medien für individuelle Kommunikation: anspruchsvolle Bücher und Zeitschriften, Konzert, Theater, Vorträge, Seminare, Symposien und so fort).

Konstrukt, theoretisches
(zu lat. construere ‚bauen, zusammenfügen, errichten')

Theoretische Konstrukte sind Begriffe, die nach Meinung der analytischen Wissenschaftstheorie nicht direkt durch wissenschaftliche Methoden erfaßbar sind, sondern nur durch eine „Operationalisierung" (→ Definition, operationale), das heißt

nur durch Überführung in einen meßbaren Sachverhalt, erfaßbar sind.

Konstrukte wären hiernach zum Beispiel:

in der Physik: „Atom", „Gravitation", „Elektron", „Feld";

in der Psychologie: „Bewußtsein", „Sympathie";

in den Wirtschaftswissenschaften: „Konjunktur", „Infla-
tion";

in der Soziologie: „glückliche Ehe", „Bildung", „Wohn-
kultur".

1. Für als „Konstrukte" bezeichnete Sachverhalte in den
Naturwissenschaften gilt: Vor der Erfindung des Raumfluges
konnte man den *Globus* als „Konstrukt" bezeichnen, da er ja
nur aus vielen Einzelvermessungen des Erdballes indirekt
konstruiert worden war. Seitdem Raumfahrer und photogra-
phische Aufnahmen zeigen konnten, daß die Erde im Raum
tatsächlich genauso aussieht, wie schon lange vorher auf den
Globen dargestellt, wäre es dogmatisch, den Globus weiterhin
als „Konstrukt" zu bezeichnen. Entsprechendes gilt auch für
angebliche Konstrukte wie „Atom" (wenn es in einem dafür
geeigneten Mikroskop wenigstens indirekt sichtbar gemacht
werden kann) oder „Sonnensystem" (wenn Astronauten-
Augenschein oder Aufnahmen dereinst auch „von oben" oder
„von unten" auf das Sonnensystem zu blicken vermögen).

2. Für psychologische und soziologische Konstrukte gilt:
Die Alleinherrschaft analytischer Methoden führt zu einer
Dogmatisierung.

Es liegt auf der Hand, daß bei der Anwendung anderer als
von der analytischen Lehre zugelassener Methoden, etwa phä-
nomenologischer oder hermeneutischer, Begriffe dieser Art
auch direkt erfaßt werden können. Ob zwei Personen einander
„sympathisch" sind, vermag ich auch direkt, ohne den Umweg
über äußere Meßinstrumente, zu erkennen.

Konstruktivismus, mathematischer
(lat. construere ‚zusammenfügen, erbauen')

Der mathematische Konstrukivismus strebt, vereinfachend
gesagt, an, auch die Grundlagen deduktiver Systeme (wieder)

verstehbar zu machen. Da die einzelnen Ableitungsschritte auch in den axiomatisch-deduktiven Systemen (→ Axiom) verstehbar sind, handelt es sich in der Diskussion zwischen Axiomatizisten und Konstruktivisten immer nur um Grundlagenfragen, niemals um die Frage von Ableitungen innerhalb des Aufbaues selber.

Der Konstruktivismus, wie Paul Lorenzen ihn vertritt, geht von dem Prinzip aus, „daß wir nur das verstehen, was wir selber herstellen können".

Dieses „Selberherstellen" demonstrieren wir am besten am Beispiel der natürlichen Zahlen:

„In modernen Lehrbüchern baut man die Arithmetik axiomatisch auf. Die Herkunft der Axiome bleibt dabei dunkel. Sie sind erst Ende des vorigen Jahrhunderts formuliert worden [die Peano-Axiome]. Das wäre eigentlich überflüssig gewesen, denn vorher hatte Kant deutlich gemacht, woher unser exaktes Wissen über Zahlen stammt: nämlich daher, daß wir die Zahlen selber konstruieren."

Lorenzen zeigt dann, wie diese Konstruktion zustande kommt: Wir malen einfach für „1" einen Strich, für „2" zwei Striche, für „3" drei Striche, und so fort. Nach dieser „Konstruktionsvorschrift" ist es „theoretisch möglich", beliebig viele Zeichen für natürliche Zahlen herzustellen.

Das entscheidende Merkmal der konstruktiven Mathematik ist also, daß sie verstehbar ist.

Der Konstruktivismus geht, anstatt von vorausgestellten Sätzen, den Axiomen, von unserem Alltagsverständnis der Zahlen aus, und entwickelt schrittweise den Aufbau des Zahlensystems.

Kybernetik
(gr. kybernētikḗ [téchnē] ,Steuermannskunst'; zu kybernḗtēs ,Steuermann'; dies zu kybernáō ,Steuermann sein, lenken, regieren'; lat. ars gubernandi, zu gubernator ,Steuermann', dies zu gubernare ,Steuermann sein, lenken, regieren')

Um das Wort „Kybernetik" wurde durch das Buch „Cybernetics" von Norbert Wiener (1948) eine breite wissenschaftliche Diskussion entfacht. Unter Kybernetik versteht man die Selbststeuerung von Systemen, sowohl von Organismen als auch von technischen Geräten.

Der Grundgedanke dabei ist, daß ein Organismus oder ein sich selbst steuerndes Gerät nicht dauernd von außen beeinflußt wird, sondern seine Tätigkeit regelt, indem äußere Gegebenheiten durch ein Wahrnehmungsorgan aufgenommen werden, das selbst durch seine Reaktion ein Handlungsorgan in Tätigkeit setzt. Einfachstes Beispiel: Ein Thermometer besitzt einen Zeiger, der gleichzeitig ein Schalter für ein elektrisches Heizgerät ist. Wenn es kalt wird, bewegt sich der Zeiger und es wird wärmer. Der Zeiger bewegt sich nun in entgegengesetzter Richtung und schaltet die Heizung wieder zurück. Auf diese Weise entsteht ein → Regelkreis, für den es in Natur, Technik und Gesellschaft zahlreiche Beispiele gibt. Die moderne Elektronik, Automatentechnik und Rechnertechnik wären ohne dieses Prinzip der Kybernetik undenkbar.

Leben

(Grundbedeutung ‚beharren‘ oder ‚Leib‘ [vgl. bleiben von be-leiben]; gr. bíos ‚Leben‘ [verwandt: lat. viv-, dt. ‚keck, quick‘]; lat. vita ‚Leben‘)

In der Philosophie einerseits soviel wie die organische Stufe der realen Welt, also die zweitunterste Schicht, an der Pflanzen, Tiere und Menschen teilhaben (dies ist mit dem Wort Biologie gemeint).

Andererseits der Inbegriff des menschlichen Daseins, die Art und Weise, wie der Mensch die Welt erfährt, erlernt, erobert, erleidet (dies ist im Wort Biographie gemeint, und ebenso in Wortzusammensetzungen wie Lebenserfahrung, Lebensfreude, Lebensmut, Lebensangst oder in dem Ausspruch einer Person bei Gerhart Hauptmann: „Das sind so Lebenssachen").

Die Lebensphilosophie ist eine philosophische Bewegung, die, gestützt auf die wissenschaftlichen Methoden der → Hermeneutik, der → Phänomenologie und ähnlicher, das Verständnis unserer Existenz auf das „gelebte Leben" gründen will. Wir erkennen die Sachverhalte unserer Welt, indem wir einfach unser Leben leben und aus dieser lebendigen Erfahrung heraus die Dinge nachträglich ordnen.

Die Lebenserfahrung ist ganz unsystematisch und vermittelt uns ein Erlebnismaterial, das wir unter Umständen erst sehr viel später systematisch verwerten können.

Ein Beispiel: Was ein „Auto" ist, erfahren wir nicht in Form eines systematischen Lehrganges, beginnend mit dem Dreirad und dem Kinderfahrrad über den Handwagen und den Pferdewagen bis zum „selbstfahrenden" Gebilde unseres Jahrhunderts. Sondern: Wenn der Vater oder die Mutter (oder auch andere Leute) ein Auto haben, lernt das Kind von vornherein unsystematisch mit dem Auto umzugehen: es kennt den Geruch, die typischen Fahrgeräusche, die klappenden Türen, die schnell vorbeihuschende Landschaft. Alle diese Eindrücke werden gleichsam als Material gespeichert, aus dem später, im Physikunterricht, in der Fahrstunde, gegebenenfalls auch in der Kfz-Lehre oder auf der Technischen Hochschule, das Auto als systematisch zu durchschauender Gegenstand erfaßt werden kann.

Leben im engeren Sinne meint die Erfahrung von seelischen und sozialen Sachverhalten insbesondere des Erwachsenenlebens, die nicht durch die bloße Theorie, durch Lernen und Denken, zugänglich sind. So kann beispielsweise ein zwölfjähriges Schulkind die Grundsachverhalte der Mathematik erfassen, dagegen sicher nicht die Psychologie der Ehe und auf ihr beruhende literarische Werke.

Lebenserfahrung in diesem Sinne kann also als Kriterium für die Unterscheidung zwischen Natur- und Geisteswissenschaften dienen: Die Natur können wir auch ohne Lebenserfahrung verstehen, seelisch-geistige Vorgänge hingegen nur, wenn wir entsprechende psychische und soziale Erfahrungen gemacht haben.

Logik
(gr. logikḗ [téchnē] ‚Kunst der Unterredung'; logikós ‚die Rede, die Vernunft betreffend'; lat. rạtio)

Logik bedeutet die Ordnung des Redens und damit auch des Denkens gemäß gewissen Regeln, Aussagen miteinander zu verknüpfen. So liegt bereits in ihrem Ursprung der Gedanke

der Anwendung mathematischer Prinzipien auf die Sprache. In
diesem Sinne hat sich dann auch die Logik zu immer größerer
Exaktheit weiterentwickelt.

Aristoteles schuf die ersten grundlegenden Begriffe der Logik; auch einige andere antike Autoren arbeiteten daran. Durch
die Philosophen des Mittelalters wurde die logische Terminologie weiter ausgebaut. Die dritte Epoche der Logik begann
dann im 19. und Anfang des 20. Jahrhunderts mit Autoren wie
Frege und Russell, die die Logik zu mathematischer Präzisierung führten. Gleichzeitig entwickelte sich die mathematische
Grundlagenforschung und verschmolz weitgehend auch mit
logischem Denken (hier seien die Namen Hilbert, Brouwer
und Weyl genannt).

Erst seit dieser Zeit ist die Logik eine Wissenschaft, die es in
ihrer Exaktheit mit der Mathematik aufnehmen kann; wenn ir-
gendwo, dann hat es in dieser Disziplin einen wirklichen Fort-
schritt gegeben. Das bedeutet auf der anderen Seite natürlich
nicht, daß nun die Logik keine Grundlagenprobleme mehr
hätte – wenn schon die Mathematik, ihre Mutterwissenschaft
seit hundert Jahren, solche Probleme hat, dann die Logik natürlich erst recht, zumal sie inhaltsbezogener ist als die Mathematik.

(Zu konkreten Einzelheiten der Logik siehe die zahlreichen
Einzelstichwörter zu diesem Problemkreis.)

Logische Propädeutik

(gr. pro- ‚vor-‘; paideúō [zu païs ‚Kind‘] ‚[ein Kind] erziehen, bilden, unterrichten‘; Propädeutik also ‚vorbereitender Unterricht‘)

Manch einer, der sich mit der Ordnung seiner Gedanken
oder mit den Grundlagen der Erkenntnis der Welt abgemüht
hat, wird sich die Frage gestellt haben: Wie finde ich zu einer
sicheren Grundlage meines Denkens? Wie kann ich gleichsam
aus dem Nichts, das heißt, von Anfang an, mein Denken so aufbauen, daß alles „Hand und Fuß“ hat, das heißt: daß sich das
Spätere aus dem Früheren mit Klarheit und Sicherheit ergibt?

Man will wissen, was ein „Wort“, was ein „Begriff“ nun genau ist. Man weiß, daß „Wörter“ und „Begriffe“ am Anfang

des Denkens und Erkennens stehen, daß sie ihre Bausteine sind. Aber was sind Wörter und Begriffe, wie ordnen sie sich zusammen, und wie bilden sie das, was wir Erkenntnis, Verstehen und Wissen nennen?

Auf diese elementaren Fragen hat es jahrhundertelang keine wirklich klaren Antworten gegeben. Es gab bedeutende Denker, die auf höherem Niveau viele Einsichten vermittelten, die aber weder willens noch in der Lage waren, dem Schüler, dem Studenten, dem Laien die Anfangsgründe der Philosophie klarzumachen.

Erst in unserem Jahrhundert, 1967, erschien eine Veröffentlichung, die alle diese Fragen mit einem Schlag beantwortete, und die fortan für jeden Fragenden und Interessierten das Werkzeug für eine Grundlegung des Denkens und der Erkenntnis bereithält.

Dieses Buch ist die „Logische Propädeutik" von Wilhelm Kamlah und Paul Lorenzen.

Der Gedankengang setzt bei der Alltagssprache an. Im Alltag wissen wir immer schon, wie wir die Wörter gebrauchen sollen, da wir dies durch den täglichen Vollzug im Leben unsystematisch und doch exakt lernen.

Wir lernen nicht nur bereits als zwei-, dreijährige Kinder, welche Wörter wir welchen Gegenständen zuordnen sollen – etwa Baum, Hund, Brille, Pullover, Decke – sondern wir lernen mit der Zeit auch, wie wir ähnliche Gegenstände sprachlich präzise unterscheiden können, etwa Bach – Fluß – Strom, Buch – Taschenbuch – Heft, Wohnhaus – Verwaltungsgebäude – Schuppen – Anbau, und schließlich sogar abstrakte Gegenstände wie Achtung – Verehrung – Zuneigung – Liebe.

Diese erstaunliche Exaktheit der alltagssprachlichen Wortwahl, des Zusprechens eines Wortes zu einem Gegenstand, der → Prädikation ist nun das Grundmuster auch des wissenschaftlichen Sprechens und somit der Erkenntnis.

Der Unterschied dabei ist nur, daß die wissenschaftlichen Wörter, die → Termini, ausdrücklich (explizit) eingeführt und normiert, das heißt, in ihrem Gebrauch genau festgelegt werden müssen.

Da wir zunächst nichts anderes als unsere Alltagssprache zur Verfügung haben, müssen wir auch die wissenschaftlichen Termini aus ihr heraus entwickeln.

Dies ist nur möglich, indem wir wissenschaftliche Termini zunächst durch Beispiele einführen, was nicht „unwissenschaftlich" ist, sondern vielmehr der einzige Weg, auf dem wir zu unseren ersten Termini kommen können.

Als Beispiel für eine solche Einführung von Termini anhand von Beispielen können uns bestimmte Artikel unseres eigenen Wörterbuches dienen, wie etwa → Indikator, → Junktor, → Kennzeichnung, → Quantor und andere.

Wir sahen etwa: Beispiele für Indikatoren sind Wörter wie „ich", „wir", „dieser", „jener", „hier", „gestern". An solchen Beispielen können wir dann zeigen, daß diese Wörter alle „relativ" sind, das heißt, daß sie nur verständlich werden, wenn wir wissen, in welcher Situation sie gesprochen werden: Wer ist „ich", welcher Ort ist „hier", welcher Tag ist „heute"?

Erst wenn wir auf diese Weise einige Grundtermini eingeführt haben, können wir weitere durch → Definition bilden: Haben wir etwa die Fachausdrücke A, B und C durch Beispiele eingeführt, können wir mit Hilfe von A und B den Ausdruck D, mit Hilfe von A und C den Ausdruck E und mit Hilfe von B und C den Ausdruck F definieren. Durch Verknüpfung von B und D erhalten wir weiter G.

Wir können also nicht mit Definitionen beginnen, sondern müssen zunächst inhaltlich „gefüllte" Wörter durch Beispiele einführen. Auch auf den höheren Stufen des Wissensaufbaues können wir natürlich nicht nur mit Definitionen arbeiten, sondern brauchen die Zufuhr unmittelbarer Erkenntnis durch neu eingeführte Termini.

Das Charakteristikum der Logischen Propädeutik ist ihre Verknüpfung zweier Methoden, die scheinbar nichts miteinander zu tun haben, nämlich der „Hermeneutik" und der „Logik".

„Hermeneutik" heißt in diesem Zusammenhang einfach, daß wir die Bedeutung der Wörter schon immer – das heißt seit

etwa unserem dritten Lebensjahr – durch den Vollzug des Lebens gewinnen; und → „Logik" bedeutet die methodische Ver-
arbeitung der gewonnenen Wortbedeutungen zu einem stren-
gen, exakten Zusammenhang.

Deutlich ist auch, daß die Logische Propädeutik sich die
konstruktivistische Mathematik (die von dem Mitverfasser Lorenzen entwickelt wurde) zum Vorbild genommen hat: hier
wird nämlich der Begriff der Zahl aus dem Alltag heraus entwickelt (der Kellner, der durch Striche auf dem Bierdeckel an-
zeichnet, wieviel Glas Bier er dem Gast berechnen muß). Auf
diese Weise kann mit Hilfe des der Mathematik seit langem
vertrauten Handwerkszeugs der Definitionen, Ableitungen,
Umformungen und so weiter das ganze Lehrgebäude errichtet
werden.

Marke

Eine Marke ist ein „objektiviertes", das heißt dauerhaft einer
materiellen Unterlage aufgeprägtes → Zeichen. Die Umgangssprache macht keinen Unterschied zwischen „Marke" und
„Zeichen", sondern bezeichnet auch Marken als Zeichen.

Zur Erklärung gehen wir auch hier vom verfügbaren Zeigehandlungsschema, also von potentiellen Zeichen, aus. Das
Handlungsschema „Buchstabe A" sähe also folgendermaßen
aus: „Wenn du willst, daß ein anderer den Laut /a:/ ausspricht,
so stelle zwei Balken dachförmig gegeneinander auf, und ver-
binde sie auf halber Höhe durch einen Querbalken."

Ein Buchstabe als Zeichen ist also nicht erst ein bestimmter
tatsächlich geschriebener Buchstabe, sondern schon die allgemeine Anweisung, wie man den Laut /a:/ durch ein Schriftzeichen wiedergeben soll.

Wenn wir nun aber den Buchstaben „A" wirklich schreiben
oder malen, daß heißt, das Zeichen „A" aktualisieren, geschieht etwas Neues: das aktualisierte Schriftzeichen ver-
schwindet nicht wieder (wie die Armbewegung [→Zeichen]),
sondern es bleibt stehen.

Ein solchermaßen aktualisiertes Zeichen braucht also nicht
in dem Augenblick wahrgenommen zu werden, in dem es her-

gestellt wird, wie es beim Ausstrecken des Armes der Fall ist, sondern dieses Zeichen kann beliebig „konserviert" und zu beliebiger Zeit später wiederaufgenommen werden.

Die aktualisierte Zeigehandlung spaltet sich daher (weiter) in zwei Vorgänge auf: Zunächst aktualisiert der Schreiber das Zeichen, indem er zum Beispiel einen Brief schreibt. Dann aktualisiert der Leser das Zeichen, indem er den Brief liest. Ein solches aktualisiertes – bleibendes – Zeichen heißt „Marke".

Marken sind auch Wegweiser, Verkehrszeichen ohne Buchstaben und anderes (→ Geist: 3. objektivierter Geist).

Materialismus

(zu Materie, lat. matẹria, dies zu mạter ‚Mutter, Ursache, Ursprung, Grund'; matẹria also ‚der Urstoff, der Grundstoff'; gr. hýlē ‚Holz, Stoff'; philosophisch im Gegensatz zur Form [→ Form/Inhalt])

Der ontologische Materialismus ist die Auffassung, daß sich alles in der Welt auf die Materie zurückführen läßt. Die Materie läßt sich am besten verdeutlichen als die „anorganische" Stufe der realen Welt, die nicht nur die anorganischen Dinge bestimmt, sondern auch die unterste Schicht der Lebewesen, speziell des Menschen, als geschichteter Gebilde ausmacht. Prägnantes Beispiel: „Der Mensch ist, was er ißt." Der Irrtum des Materialismus liegt also darin, daß er die unterste Schicht, die natürlich die „stärkste" ist, weil die Existenz alles Höheren von ihr abhängt (→ Ontologie), die höheren Schichten auch inhaltlich beherrschen lassen will. „Erst kommt das Fressen, dann kommt die Moral" – das ist insofern völlig zutreffend, als ein verhungernder Mensch nicht mehr moralisch handeln kann, aber es wäre falsch, wenn es sagen wollte, daß die Moral auch inhaltlich vom Essen abhängig sei.

Der historische oder genauer ökonomische Materialismus behauptet, daß die Geschichte der menschlichen Gesellschaft jeweils durch ökonomische Interessen bestimmt sei. Beispiel: Ein Krieg in einer erdölreichen Gegend werde nicht sittlicher Prinzipien, sondern der Ölquellen wegen geführt.

Der ökonomische Materialismus ist insofern kein strenger ontologischer Materialismus (→ Ontologie), als er die Wirk-

samkeit von Ideen und Theorien durchaus anerkannt und insbesondere weiß, daß er selbst eine Theorie ist, die als solche die
Welt verändern soll und verändert hat.

Mathematik
(gr. mathēmatikḗ téchnē ‚Kunst der Gelehrsamkeit, der Mathematik‘; zu gr.
máthēma ‚Gelerntes, Wissenschaft, Mathematik‘)

Was man unter Mathematik versteht, ist dem geschichtlichen
Wandel unterworfen. Einer noch im 19. Jahrhundert üblichen
und bis heute bei Laien nachwirkenden Vorstellung zufolge
hat es die Mathematik vor allem mit Quantitäten, also mit
„Größen“ zu tun, wie sie in Gestalt von Zahlen und in der Er-
fahrungswelt als Raummaße aller Art, Gewichte und so fort
vorkommen. Unter der „Mathematisierung“ einer Wissenschaft“, etwa der Wirtschaftswissenschaften, der Psychologie,
der Sozialwissenschaften, der Biologie und so fort versteht
man dann einfach, daß alles quantitativ erfaßbar, meßbar, aus-
rechenbar wird: durch Prozentberechnungen, in Gleichungen
mit x und y und ähnlichem.

Demgegenüber ist die Mathematik unseres Jahrhunderts gerade durch eine gewisse *Ent*quantifizierung gekennzeichnet. Es
interessiert zum Beispiel nicht mehr das Rechnen mit Zahlen,
sondern vielmehr die Betrachtung bestimmter „Gattungen“
von Zahlen, die als → „Mengen“ mit bestimmten Eigenschaften aufgefaßt werden, wie zum Beispiel der Vorrat der natürlichen Zahlen, der ganzen Zahlen, der Bruchzahlen und so fort.
In einer solchen Menge von Zahlen, deren Elementen eine der
genannten Eigenschaften gemeinsam ist, werden bestimmte
→ „Strukturen“ festgestellt, die „Ringe“, „Körper“ oder so
ähnlich genannt werden: Termini, die jedem, der vor 1960 zur
Schule gegangen ist, ganz fremdartig vorkommen müssen, eben
weil sie ein total neues mathematisches Denken anzeigen.

Jeder Blick in ein modernes Mathematikbuch zeigt diese
Wandlung: statt der von früher hergewohnten algebraischen
Formeln beherrschen das Druckbild oft seltsam verschnörkelte
Buchstaben, die Symbole für irgendwelche Mengen im weite-
sten Sinne sind.

Die Interpretation von solchen Strukturen hängt weitgehend davon ab, von welchem grundlagentheoretischen Standpunkt aus sie geschieht: ob von dem des Axiomatizismus (→ Axiom) oder dem des → Konstruktivismus.

Menge
(als mathematischer Terminus erst Ende des 19. Jh. von Georg Cantor, dem Schöpfer der Mengenlehre, eingeführt; engl. set, fz. ensemble)

Eine Menge ist eine Ansammlung von Gegenständen, die mindestens ein Merkmal gemeinsam haben. Man unterscheidet unstrukturierte Mengen, zum Beispiel: die Menge aller Menschen, die zufällig zu einem bestimmten Zeitpunkt auf dem Königsplatz in München sind, oder die zufällig in ein und demselben Linienbus sitzen – und strukturierte Mengen als Gesamtheit all jener Gegenstände, denen ein bestimmter Prädikator zugesprochen werden kann: Die Menge aller Einwohner Münchens, aller geraden Zahlen.

Das deutsche Wort „Menge" betont eher das Ungegliederte, ist also allgemeiner, während engl. „set" und frz. „ensemble" einen gewissen Zusammenhang zwischen den Elementen einer Menge ausdrücken. Ein älteres Wort für „Menge" ist „Klasse". Dieses Wort läßt sich aber eigentlich nur auf durch Prädikator(en) definierte, nicht auf unstrukturierte Zufallsmengen anwenden.

In der Geometrie gab es den Begriff der Menge bereits vorher unter dem Terminus „geometrischer Ort": „Der geometrische Ort aller Punkte, die von einem gegebenen Punkt eine gegebene Strecke entfernt sind, ist der *Kreis*, den ich mit der gegebenen Strecke um den gegebenen Punkt schlage." (Zum Verhältnis jeweils zweier Mengen → Prädikatenlogik).

Merkmal
Von Leibniz eingeführte Eindeutschung des Terminus „differentia specifica" – ‚spezifischer (artentsprechender) Unterschied'. – „genus proximum" – ‚die nächstliegende, zuerst zu betrachtende Art' – und „differentia specifica" sind Termini der traditionellen Definitionslehre (→ Definition). Beispiel:

„Schimmel" wird definiert durch das genus proximum (Ober-begriff) „Pferd" und durch die differentia specifica (Unter-begriff) „weiß".

Hieraus erklärt sich der Begriff des Merkmals, wie er heute in der natur- und sozialwissenschaftlichen → Statistik ge-braucht wird. Das Merkmal oder die Merkmalsausprägung ist eine Eigenschaft, durch die sich bestimmte Untermengen (→ Menge) von Gegenständen innerhalb der betrachteten Ge-samtmenge voneinander unterscheiden.

Beispiel: Die Merkmale des Familienstandes sind: ledig, ver-heiratet, verwitwet, geschieden.

Methode
(gr. metá ‚zu etwas hin‘, hodós ‚Weg‘ = méthodos: Der Weg des wissen-schaftlichen Vorgehens)

Vom Standpunkt der Wissenschaftstheorie aus kann man sa-gen, daß den einzelnen Wissenschaftsbereichen Methoden zu-geordnet sind, etwa der → Mathematik die deduktive Methode (→ Deduktion), den → Natur- und teilweise den → Sozialwis-senschaften die induktive Methode (→ Induktion), den → Geisteswissenschaften und teilweise ebenfalls den → Sozialwissenschaften die phänomenologische (→ Phänome-nologie), die hermeneutische (→ Hermeneutik), die → histo-rische Methode.

Methoden, empirische
(vor allem in den Sozialwissenschaften)

A. Probleme des Messens

   I. Gültigkeit und Zuverlässigkeit

Ein Forschungsinstrument besitzt Gültigkeit (Validität), wenn es tatsächlich mißt, was es messen soll. – Drastisches Bei-spiel: wenn ich ein Barometer mit rundem Zifferblatt und Zei-ger für eine Uhr halte, darf ich mich nicht wundern, wenn ich die Zeit nicht richtig ablesen kann.

Ein Forschungsinstrument besitzt Zuverlässigkeit (Reliabi-lität), wenn es unter gleichen Bedingungen unabhängig von der Person des Anwenders und anderen Zufälligkeiten der Untersuchungssituation bei wiederholter Anwendung die gleichen Ergebnisse erbringt. – Beispiel: Ein Blutdruckgerät zur Selbstmessung muß die gleichen Werte ergeben, wenn eine andere Person für den Patienten die Messung vornimmt.

II. Meßskalen

Man unterscheidet vier verschiedene Skalen. In der Reihenfolge zunehmender mathematischer Genauigkeit sind dies:

1. Nominalskalen

Es werden Kategorien unterschieden, die einfach „genannt" werden, das heißt nebeneinander stehen und keine Rangfolge bilden. Beispiele: Geschlecht (männlich/weiblich); Familienstand (ledig/verheiratet/verwitwet/geschieden). (Hier ist zwar latent eine gewisse Reihenfolge und sogar Wertung [geschieden nach verwitwet] gegeben, aber hinsichtlich des Messens stehen alle Merkmalsausprägungen gleichwertig nebeneinander.)

2. Ordinalskalen

Die Kategorien sind sichtbar in eine bestimmte Reihenfolge gebracht. Dies gilt zum Beispiel für Schulnoten: sehr gut, gut, befriedigend, ausreichend, mangelhaft. Die Reihenfolge ist eindeutig – aber damit ist noch nichts über den quantitativen Abstand gesagt. (Man sollte sich auch nicht durch die Ziffernnoten 1, 2, 3 . . . 6 täuschen lassen; sie lassen eigentlich keine arithmetischen Operationen, wie Durchschnittsbildungen, zu. Daß gegen dieses Verbot oft verstoßen wird, beweist nur, daß hier mangelnde methodologische Vorbildung am Werk ist.)

3. Intervallskalen

Hier sind die einzelnen Ausprägungen nicht nur in der Reihenfolge geordnet, sondern es sind auch die Abstände zwischen analogen Punkten der Skala jeweils als gleich anzusehen. Beispiel: Das Thermometer; man nimmt an, daß der Abstand zwischen + 10° und + 20° Celsius genau so groß ist wie jener zwischen + 20° und + 30° Grad.

4. Ratioskalen

Sie sind den Intervallskalen ähnlich, unterscheiden sich von ihnen aber dadurch, daß sie einen echten Nullpunkt haben.

Hierdurch kann man nicht nur Abstände (Differenzen, zum Beispiel $30 - 20 = 20 - 10$) miteinander vergleichen, sondern auch Verhältnisse (Quotienten, zum Beispiel: $2 : 1 = 10 : 5 = 20 : 10$). Dies gilt für elementare Meßsachverhalte wie Längenmaße, Gewichte oder Lebensalter, wobei der kleinste mögliche Wert jeweils null beträgt. (Die Celsius-, Reaumur- und Fahrenheit-Temperaturskalen sind also nur Intervall-, keine Ratioskalen, weil ihre Nullpunkte jeweils mitten in der Skala liegen. Unter der Voraussetzung, daß der absolute Nullpunkt der Temperatur wirklich genau feststellbar ist, wären Temperaturskalen, die ihn als Nullpunkt haben, wie die Kelvinskala, Ratioskalen).

B. Forschungsverfahren

I. Auswahlverfahren

Bei statistischen Erhebungen, Befragungen und so weiter ist es oft nicht möglich, eine Vollerhebung unter der Bevölkerung zu machen, das heißt: alle in Betracht kommenden Personen zu befragen. Daher zieht man oft eine → „Stichprobe" aus Personen, die als „repräsentativ" für die Gesamtbevölkerung gilt (→ Statistik). Beispiel: Die Volkszählung ist eine Vollerhebung, weil jeder Haushaltsvorstand für alle Mitglieder seines Haushaltes einen Fragebogen abgeben muß; der sogenannte Mikrozensus („Klein-Volkszählung") ist eine Auswahlerhebung, die einfacher durchzuführen ist und deshalb öfter gemacht werden kann.

1. Wahrscheinlichkeitsauswahlen

Hier wird eine Stichprobe gezogen, die „automatisch" ein Abbild der Gesamtheit geben soll, in dem die auszuwählenden Personen nicht nach inhaltlichen, sondern nach mechanischen Gesichtspunkten ausgesucht werden. Einfachstes Beispiel: Aus den 100 000 Einwohnern einer Großstadt soll eine Auswahl im Verhältnis 1 : 100, also von insgesamt 1000 Personen gezogen werden. Also nimmt man die Einwohnermeldekartei und wählt hier jede hundertste Karteikarte aus. Da diese Karten über die ganze Stadt hinweg nach dem Namensalphabet geordnet sind, das Namensalphabet aber in der Regel eine Zufallsreihenfolge darstellt, die mit allen sonstigen Eigenschaften der Einwohner nichts zu tun hat, darf man annehmen, daß alle Merkmale der gesamten Einwohnerschaft gleichsam im verkleinerten Abbild vertreten sind.

2. Quotenauswahlen

Die quantitative Verteilung der Merkmale in der Bevölkerung muß vorher aus der Statistik bekannt sein. Dann wählt man von vornherein jeweils so viele Personen, daß die Verteilung der bekannten Merkmale ihr entspricht. Nun kann man nach *anderen* Merkmalen fragen und kommt auch so auf ein Spiegelbild der Gesamtbevölkerung.

Der Nachteil: Die Verteilung wenigstens der Grundmerkmale muß vorher exakt bekannt sein, kann also nicht umgekehrt erst durch die Befragung ermittelt werden. Der Interviewer bekommt Quoten für alle Merkmalsträger zugeteilt. In diesem Rahmen kann er auswählen, wird dann aber möglicherweise die leicht erreichbaren zu Befragenden bevorzugen. Der Vorteil dieser Methode: sie ist einfach und billig durchzuführen und wird daher in der Regel bei Befragungen ohne großen wissenschaftlichen Wert wie etwa Marktforschungen bevorzugt.

II. Methoden der Datengewinnung

1. Beobachtung

In der sozialwissenschaftlichen Methodik unterscheidet man teilnehmende und nicht teilnehmende Beobachtung. Der teilnehmende Beobachter geht in die Situation der zu beobachtenden Gruppe selbst hinein, etwa als Arbeiter in einer Fabrik. Auf diese Weise erfährt er manches, was er sonst nicht erfahren würde; umgekehrt besteht die Gefahr einer verzerrten Perspektive, weil der Beobachter geneigt ist, sich mit der angenommenen Rolle auch innerlich zu identifizieren. Der nichtteilnehmende Beobachter wird nicht so viel von der beobachteten Gruppe erfahren, bewahrt sich dafür aber eher seine Objektivität.

2. Die Befragung

a. Die mündliche Befragung (das Interview):

(1) Das offene Interview: Es ähnelt eher einem freien Gespräch. Es hat den Nachteil, daß die Interviews nicht so genau miteinander verglichen werden können, aber den Vorteil, in-

haltlich anspruchsvoll zu sein, und wird daher in der Regel bei Befragten höchsten geistigen Niveaus, etwa bei Wissenschaftlern oder Künstlern, angewendet.

(2) Das standardisierte Interview: Hier legt der Fragebogen die Fragen genau fest. Die Antworten sind exakt miteinander vergleichbar, dafür jedoch inhaltlich entsprechend dürftiger.

b. Die schriftliche Befragung:

Sie hat den Vorteil, daß sie weniger Arbeit und Kosten verursacht, jedoch den Nachteil, daß der Anteil nicht reagierender Befragter sehr hoch ist, und daß bei den Antworten nicht sicher ist, ob der Befragte sie selbst formuliert hat.

3. Die Gruppendiskussion

Eine Gruppe diskutiert über einen bestimmten „Grundreiz", also etwa einen Text, der zur Stellungnahme und Auseinandersetzung herausfordert.

4. Das Experiment

Dies ist das typische Verfahren der Naturwissenschaftler. Während etwa der Astronom auf die Gewinnung seiner Daten durch Beobachtung vom Menschen nicht beeinflußbarer Abläufe angewiesen ist, ist der Physiker oder der Chemiker weitgehend frei in seiner „Versuchsanordnung".

In den Sozialwissenschaften haben Experimente eine relativ begrenzte Bedeutung. Vereinfacht gesagt, geht es darum, eine „unabhängige Variable" (also gleichsam ein „x") zu setzen, und danach die Reaktion der „abhängigen Variablen" (also des „y") zu beobachten.

Methodologie
Die Betrachtung und Untersuchung der Methoden. Wissenschaftstheorie, verstanden als Theorie aller Bereiche der Wissenschaft, und Methodologie fallen daher weitgehend zusammen.

Modallogik
(lat. modus ‚Maß, Ausmaß, Regel, Art und Weise')

Was man in der Logik unter „Modus" versteht, ist im Bewußtsein des Laien, wenigstens soweit er eine höhere Schule besucht hat, schon vorgebildet. So unterscheiden wir beim

Verbum die Modi oder Aussageweisen der Wirklichkeit („du gehst"), der Möglichkeit („du gingest, würdest gehen") und der Aufforderung bzw. des Befehls (logisch: Notwendigkeit) („geh!"). – Ferner unterscheiden wir als besondere Art von Verben die „modalen Hilfsverben" wie etwa des Gebotes („müssen", „sollen"), der Erlaubnis („dürfen"), des Verbotes („nicht dürfen") oder des Freistellens („nicht müssen").

Diesen sprachlichen Gebrauch der Modi können wir nun logisch präzisieren.

Das, was bei der Einführung in die Logik zunächst ganz allgemein „Logik" (ohne Zusatz) genannt wird, wird in der Gegenüberstellung zur Modallogik zur „Aussagenlogik" bzw., im Hinblick auf ihren Gegenstand, zur *„Sachverhaltslogik"* (→ Sachverhalt).

Die Aussage- oder Sachverhaltslogik stellt etwa fest:

A hat B getötet.

Dies ist eine Aussage über den Sachverhalt, daß A den B getötet hat.

Diese Aussage können wir verneinen:

A hat B nicht getötet.

Dies ist also eine Aussage über den Sachverhalt, daß A den B nicht getötet hat.

In beiden Fällen stellen wir nur fest, was wirklich passiert. Aber auf das, was passiert, nehmen wir keinen Einfluß.

Nun kennen wir aber alle den Satz:

Du sollst nicht töten!

Dieser Satz ist keine Feststellung eines Sachverhaltes. Er stellt weder fest, daß A den B getötet hat, noch, daß er ihn nicht getötet hat.

Vielmehr blickt er in die Zukunft und erhebt eine Forderung für das zukünftige Handeln des Menschen. Er stellt also keinen Sachverhalt dar, sondern eine → *Norm.*

Die Modallogik hat es nun mit solchen „Nicht-Sachverhalten" zu tun, aber auch mit den Sachverhalten als einem Unterfall der Modalität: nämlich der „Wirklichkeit".

Innerhalb der Modallogik unterscheiden wir zwei Arten von Modalität:

– Die ontische Modalität oder Seins-Modalität und
– die deontische Modalität oder Sollens-Modalität.

A. *Ontische Modalität* (zu gr. ón ‚das Seiende‘)

Die ontische Modallogik steht in einer bestimmten Beziehung zur Junktorenlogik oder Aussagenlogik (→ Junktor; Junktorenlogik; Bedingung), und zwar, genauer gesagt, zu den „Wenn . . .“-Verknüpfungen.

In dem Satz „Immer wenn es schneit, wird der Erdboden weiß“ nennen wir den Vordersatz „Immer wenn es schneit“ eine *hinreichende* Bedingung und den Hintersatz „wird der Erdboden weiß“ eine *notwendige* Folge“.

Das heißt: Das Schneien reicht aus, um den Boden weiß zu machen; es braucht keine andere Bedingung hinzuzutreten. Das Weißwerden des Erdbodens ist daher eine notwendige (= unausweichliche) Folge des Schneiens. Also: Der Erdboden muß weiß werden, wenn es schneit.

In „Nur wenn es schneit, laufe ich Ski“ hingegen nennen wir den Vordersatz „Nur wenn es schneit“ eine *notwendige* Bedingung und den Hintersatz „laufe ich Ski“ eine *mögliche* Folge.

Das heißt: Jetzt reicht das Schneien nicht aus, um mich Ski laufen zu lassen. Denn ich laufe ja nicht schon immer dann notwendig Ski, wenn es schneit. Also: Ich kann jetzt zwar Ski laufen, müßte es aber nicht unbedingt tun.

Damit haben wir die drei Modi der ontischen Modalität gewonnen:

Notwendig: Der Erdboden *muß* weiß werden (wenn es schneit).

Möglich: Ich *kann* Ski laufen (wenn es schneit), muß es aber nicht.

Wirklich: Der Erdboden *wird tatsächlich* weiß (wenn es schneit); ich *laufe tatsächlich* Ski (wenn es schneit *und* wenn mich anderweitige Umstände nicht daran hindern).

Diese drei Modi stehen in einer Art Mengeneinschluß-Verhältnis. Im ganzen:

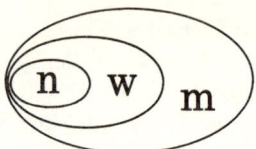

Nun die drei Einzelbeziehungen:

1. Alles, was wirklich ist (aber auch das, was zur Zeit nicht verwirklicht ist), muß möglich sein.

Die Erde wird weiß; ich laufe Ski.

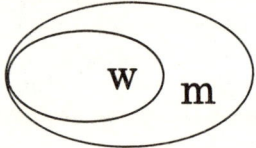

2. Alles, was notwendig ist (aber auch das, was nicht notwendig ist), muß wirklich werden (kann wirklich werden).

Die Erde wird weiß; ich laufe Ski.

Und erst recht:

3. Alles, was notwendig ist, muß möglich sein.

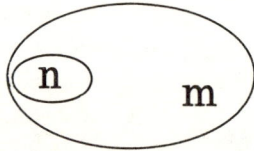

Also: Von dem, was möglich ist, wird nur ein Teil wirklich (Skilaufen bei Schnee), und von dem, was wirklich ist, war nur ein Teil notwendig (nur das Weißwerden der Erde durch den Schnee ist notwendig, aber nicht das Skilaufen daraufhin).

Entsprechend lassen sich auch Negativbeziehungen aus der Figur ablesen, zum Beispiel:

Nicht alles, was wirklich ist, war auch notwendig.

(Das Weißwerden ist notwendig, das Skilaufen nur wirklich, aber nicht notwendig).

Nicht alles, was möglich ist, wird auch verwirklicht.

(Das Skilaufen ist möglich, muß aber nicht verwirklicht werden.)

B. *Deontische Modalität* (zu gr. deῖ ‚es ist nötig, gehört sich‘; tò déon, tà déonta ‚das Gehörige, die Pflicht‘)

Die ontischen Modalitäten sind von der Natur bestimmt, in unserem Beispiel vom Schneefall.

Die deontischen Modalitäten werden nur vom Menschen gesetzt. Die Überführung der ontischen in die deontischen Modalitäten ist nicht schwierig:

aus „notwendig" wird „geboten"; „möglich" wird zu „erlaubt".

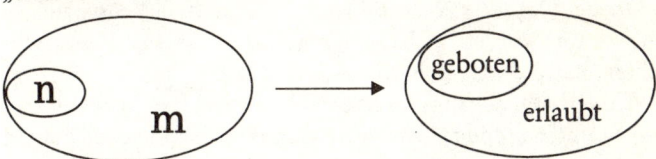

Für die Negation des deontischen „möglich" (= „erlaubt"), also „nicht erlaubt", haben wir das besondere Wort „verboten".

Auch die Negation des deontischen „notwendig" (= „geboten"), also „nicht geboten", können wir durch das besondere Wort „freigestellt" ausdrücken.

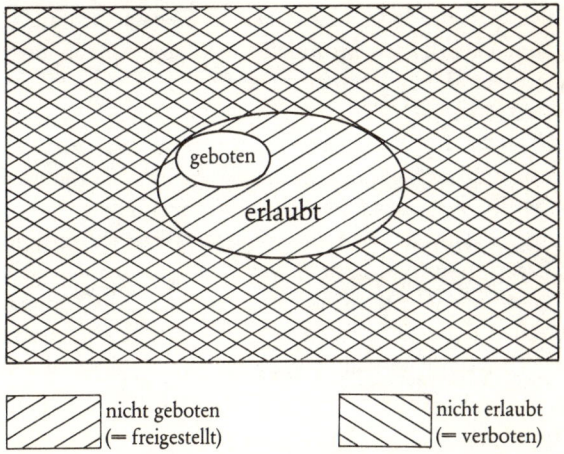

Modell

(aus ital. modello [16. Jahrhundert]; dies aus lat. modulus ‚Maß, Maßstab‘, Verkleinerungsform‘ zu modus ‚Maß‘)

Die allgemeine Bedeutung von Modell ist: verkleinerte und vereinfachte Abbildung eines im Original größeren und komplizierteren Gegenstandes (Schiffsmodell, Flugzeugmodell). In vielen Fällen ist das Modell nicht nur eine nachträgliche Abbildung von etwas *vorher im Original* bereits Geschaffenem, sondern es geht diesem voraus; eine Skulptur, ein Gebäude oder eine Maschine wird zunächst im Modell geformt bzw. gebaut, um die Herstellung des eigentlichen Exemplars zu erleichtern oder zu veranschaulichen.

In der Physik wird der Begriff verfeinert zu: anschauliche Abbildung von etwas Komplexem, direkt schwer Verständlichem. Beispiel: das Bohrsche Atommodell.

In den Wirtschafts- und Sozialwissenschaften versteht man unter einem „Modell" auch eine abstrakte Theorie oder Formel für einen Prozeß oder ein System: etwa das „Modell des Marktes" als Inbegriff von Formeln über den Ablauf von Marktvorgängen.

In der Mathematik hat das Wort „Modell" auf den ersten Blick eine Bedeutung, die in ihr Gegenteil verkehrt zu sein scheint:

Ein Modell ist hier gerade nicht die verallgemeinerte und somit vereinfachte Abbildung des komplexen Originals, sondern, umgekehrt, der Einzelfall einer allgemeinen Struktur. Beispiel: Die Menge der natürlichen Zahlen ist ein Modell der Peano-Axiome.

Hiermit ist folgendes gemeint: Im Sinne der Strukturmathematik sind Zahlenmengen nicht Gegenstände, die um ihrer selbst willen betrachtet werden, sondern nur – grundsätzlich beliebige – Anwendungsfälle von abstrakten Strukturen, die auch dann ihren Sinn hätten, wenn es keine Zahlen gäbe. So wird zum Beispiel ein „Ring" als Struktur mit bestimmten Eigenschaften definiert, und zufällig gibt es auch eine bestimmte Menge von Zahlen (nämlich die ganzen Zahlen), die dieser Definition entspricht und somit ein „Modell" der Struktur „Ring" darstellt.

Nun ist ohne weiteres ersichtlich, daß bei genauerer Betrachtung die Grundbedeutung von „Modell" auch hier erhalten geblieben ist: wenn man nämlich voraussetzt, daß diese Strukturen als solche schwer verständlich sind und man sie daher am „Modell" von Zahlenmengen erläutern kann (etwa wie die an sich komplizierte Atomstruktur durch das vereinfachte Bohr-Modell erläutert werden kann). Man muß sich nur darüber im klaren sein, daß das „Modell" in der Mathematik nach wie vor nicht ein vereinfachtes Abbild, sondern ein („anschaulicher") Anwendungsfall ist.

Natur

(lat. natura ‚Geburt‘, ‚natürliche Beschaffenheit‘, von nasci [eigentlich gnasci; aus der bekannten Wurzel gen- für alles, was mit dem menschlichen, aber auch dem tierischen und pflanzlichen Werden zu tun hat] ‚gezeugt oder geboren werden, entspringen, wachsen‘; gr. phýsis ‚Beschaffenheit, Abstammung, das Geschaffene, Natur‘)

„Natur" ist der Inbegriff des unabhängig vom menschlichen Handeln Entstandenen, in gewissem Sinne auch in bezug auf menschliche Institutionen, wenn Natur dem „Gesetzten" (Angeordneten oder Vereinbarten) als Gegenbegriff entgegengesetzt wird.

Naturrecht

(lat. ius naturae; aus ius ‚Recht‘ zu iubeo ‚wünschen, wollen, befehlen‘, [eigentlich iussum ‚das Befohlene‘]; und aus natura ‚Geburt, natürliche Beschaffenheit‘; von nasci [eigentlich gnasci, aus der bekannten Wurzel gen- für alles, was mit dem Werden menschlichen Lebens zu tun hat] ‚gezeugt oder geboren werden, entspringen, wachsen‘; gr. phýsei díkaion, aus phýsis ‚Natur‘ und díkaion [zu díkē] ‚das Gerechte, Recht‘)

„Naturrecht" bedeutet soviel wie ‚Rechtsnormen, die sich aus der Natur des Menschen ergeben‘. Genaugenommen ist es also gar kein Recht, sondern der Inbegriff ethischer Grundnormen, die gleichzeitig für das Recht verbindlich sind oder sein sollten.

Gegensatz: positives (gesetztes), das heißt in Gesetzesform niedergelegtes Recht.

Beides muß nicht übereinstimmen, wie ein Blick auf das Recht des Hitlerreiches oder auch der früheren DDR beweist. Naturrechtlich, das bedeutet: moralisch, haben alle Menschen die gleiche Menschenwürde – positivrechtlich dagegen konnten zum Beispiel Juden für minderwertige Menschen ausgegeben und verfolgt werden.

Es gibt also moralfreies Recht. Auf der anderen Seite gibt es aber rechtsfreie Moral, also moralische Normen, deren Einhaltung nicht durch das Recht erzwungen wird, die nicht „justitiabel" sind – wie etwa Takt, Treue, Rücksichtnahme und so fort.

Das Naturrecht ist also gewissermaßen der Bereich, in dem Recht und Moral sich überschneiden, in dem rechtliche Normen moralisch gerechtfertigt werden – und in dem umgekehrt moralische Normen rechtlich gesichert sind oder sein sollten.

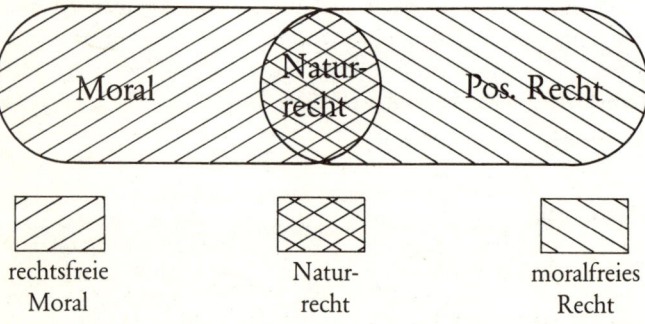

| rechtsfreie Moral | Natur-recht | moralfreies Recht |

Naturwissenschaften

Die Naturwissenschaften sind jene Wissenschaften, die sich mit der Welt beschäftigen, soweit sie unabhängig vom menschlichen Handeln entstanden ist. Dieser Bereich der Welt ist mit der anorganischen und der organischen Schicht des Seins (→ Ontologie) identisch.

Naturwissenschaften sind also einerseits etwa Physik, Chemie, Mineralogie, andererseits Botanik und Zoologie.

Weil die Naturwissenschaften es mit dem außermenschlichen Sein (bzw. den nicht spezifisch menschlichen Schichten der menschlichen Existenz) zu tun haben, ist ihr Betreiben von der Lebenserfahrung im psychisch-sozialen Sinne weitgehend unabhängig (→ Geisteswissenschaften).

Die Naturwissenschaften selbst (als Betätigung des Menschen) gehören selbstverständlich in den Bereich des menschlichen Geistes. Der Ausdruck „Naturwissenschaften" bezieht sich nur auf den Gegenstand, nicht auf die Betätigung als solche, die in beiden Fällen spezifisch geistige Leistung ist.

Negation, Verneinung
(zu lat. negare von ne aio ,nein sagen'; gr. apóphasis [von apophaínō] ,Verneinung')

In der Logik bedeutet Negation oder Verneinung das Absprechen eines Prädikators („Der Himmel ist nicht blau") oder das Nichtzutreffen einer ganzen Aussage (zum Beispiel: „Es trifft nicht zu, daß ich heute nachmittag in die Stadt gehe").

Grundsätzlich teilt jeder Prädikator die Gesamtheit der möglichen Gegenstände in zwei Bereiche: denen er zu- und abgesprochen werden kann. Denn entweder trifft er zu, oder er trifft nicht zu. Demnach wäre jeder Gegenstand, der nicht raucht, ein Nichtraucher, also nicht nur diejenigen Menschen, die nicht rauchen, sondern auch alle Katzen, Steine oder Nägel, die ebenfalls nicht rauchen. Da dies, wenn auch logisch korrekt, so doch sehr unpraktisch wäre, führt man bei der Negation eine „Grundmenge" oder einen „Diskussionsbereich" (engl. universum of discourse) ein, innerhalb dessen allein die Negation Sinn haben soll. Die Grundmenge für das Prädikatorenpaar Raucher/Nichtraucher ist also beschränkt auf die Menschen: Jeder Mensch ist entweder ein Raucher oder ein Nichtraucher.

Neben der Aussage: „Der Himmel ist nicht blau" stehen zwei mögliche andere: „Nicht der Himmel ist blau" und „Nicht: der Himmel ist blau".

Alle drei Sätze bedeuten zunächst einmal das gleiche: Daß der Prädikator blau dem Himmel abgesprochen wird.

Aber: „Der Himmel ist nicht blau" bedeutet genauer: er ist grau, gelb, orange, rot oder violett, je nach Wetterlage. Der Diskussionsbereich ist hier also die Farbskala.

„Nicht der Himmel ist blau" bedeutet: Zwar nicht der Himmel, aber ein anderer Gegenstand ist blau, etwa ein Auto, ein Tuch, ein Blatt Papier. Der Diskussionsbereich sind hier also die blauen Gegenstände.

„Nicht: der Himmel ist blau" bedeutet die allgemeine Verneinung der ganzen Aussage, ohne auf einen Diskussionsbereich abzustellen.

Die hier getroffene Unterscheidung spielt auch in der Lebenspraxis eine Rolle. „Der Bürgermeister ist nicht gekommen" bedeutet nicht das gleiche wie: „Nicht der Bürgermeister (wohl aber sein Stellvertreter) ist gekommen".

Alle diese Betrachtungen stehen unter der Voraussetzung des → tertium non datur („Etwas Drittes gibt es nicht; entweder A oder nicht A").

Norm
(lat. norma ‚Winkelmaß', ‚Richtschnur')
Das → Erkennen betrachtet Gegebenes lediglich, das → Handeln verändert hingegen Gegebenes, es verändert Zustände oder Situationen, mit einem Wort: es verändert → *Sachverhalte*.

Dem → Erkennen ist in der Logik die Sprachform der → Aussage zugeordnet. Zum Beispiel: „A hat B getötet" oder „A hat B nicht getötet". Diese erste Aussage ist wahr und die zweite falsch, wenn A B wirklich getötet hat. Die erste Aussage ist falsch und die zweite ist wahr, wenn A B nicht getötet hat.

Eines der zehn Gebote lautet jedoch: Du sollst nicht töten! Es ist leicht zu sehen, daß dieser Satz von den beiden vorangegangenen logisch völlig verschieden ist: Der Satz „Du sollst nicht töten" kann weder wahr noch falsch sein, weil er nichts über einen bestimmten Sachverhalt aussagt, sondern A nur auffordert, B nicht zu töten. Eine solche Forderung bezeichnen wir als Norm.

Auf zwei Mißverständnisse soll hingewiesen werden:

a. Eine Aussage über eine Norm ist immer eine gewöhnliche Sachverhaltsaussage; zum Beispiel: „Im Alten Testament steht die Norm: ‚Du sollst nicht töten'." Diese Aussage ist nämlich eine Meta-Aussage; sie hat gar nicht die Norm selbst zum Inhalt, sondern nur die Tatsache ihres Bestehens oder Nichtbestehens.

b. Wenn wir behaupten, die Norm „Du sollst nicht töten" sei weder falsch noch wahr, so ist das nur im aussagenlogischen Sinne zu verstehen. Das heißt: eine Norm behauptet nicht das Bestehen oder Nichtbestehen eines Sachverhaltes. Sie *fordert* nur, daß ein bestimmter Sachverhalt verwirklicht werden soll. In der Regel sind Normen auch naturrechtlich (→ Naturrecht) fundiert. Allerdings kann man etwa die strikte Auslegung des Tötungsverbotes mit der Begründung ablehnen, Blutrache, Töten im Krieg, Todesstrafe, Töten in Notwehr, Tötung auf Verlangen oder Freitod müßten erlaubt sein.

Objekt
(lat. obięctum ‚das Entgegengeworfene'; gr. antikeímenon ‚das Gegenliegende', im wesentlichen gleichbed. mit → Gegenstand [anstelle dieses Wortes im 16. Jahrhundert auch „Gegenwurf"])

Obwohl einerseits gleichbedeutend mit „Gegenstand", hat das Wort „Objekt" andererseits doch eine besondere Funktion, nämlich als Gegenbegriff zu → Subjekt. In diesem Zusammenhang ist vor allem das Adjektiv „objektiv" wichtig: es bezeichnet eine „sachliche", nur am Gegenstand orientierte, die willkürliche Verzerrung durch das wahrnehmende „Subjekt" ausschließende Sichtweise. (Interessanterweise ist „Objektivismus" in totalitären Weltanschauungen [Faschismus, Kommunismus] ein Schimpfwort.)

Beispiel: ich erkenne die Leistung der gegnerischen Fußballmannschaft als solche an, obwohl sie meine Mannschaft besiegt hat.

Ontologie
(Onto- von gr. eimí [ich bin] ‚sein'; davon ốn, ón, Genitiv óntos ‚der, das Seiende'; óntōs ‚seiend, wahrhaft, wesentlich, eigentlich')

Die Lehre vom Seienden (ein im 17. Jahrhundert neu ge-schaffenes Wort, da nunmehr die Gegenüberstellung des „an sich" Seienden und des Erkannten als Problem erkannt wurde) (→ Erkenntnistheorie).

Die anschaulichste und eben deswegen meiner Ansicht nach auch „richtigste" Formulierung der Ontologie stammt von Ni-colai Hartmann. Da nach seiner Lehre das, was wir von der Welt erkennen, sehr nahe an das herankommt, was die Welt wirklich ist, ergibt sich der Aufbau der „seienden", der realen (→ Realismus) Welt zwanglos aus dem, was wir ohnehin all-täglich sehen.

Demnach ist die Welt aus vier Schichten aufgebaut: dem Anorganischen, dem Organischen, dem Seelischen und dem Geistigen.

Dies ist nun aber nicht so zu verstehen, daß die an den höhe-ren Schichten teilhabenden Lebewesen Pflanze, Tier und Mensch nur in ihrer jeweils höchsten Schicht existierten, der Mensch also beispielsweise nur in der geistigen, sondern so, daß jedes dieser Lebewesen in sich geschichtet ist und auch an der niedersten Schicht teilhat.

So existiert ein Stein nur in der anorganischen Schicht, eine Pflanze oder ein niederes Tier in der anorganische und organi-schen, das höhere Tier in der anorganischen, organischen und seelischen Schicht, und der Mensch in der anorganischen, or-ganischen, seelischen und geistigen Schicht.

Also nicht so:

Mensch	O
Tier	O
Pflanze	O
Stein	O

sondern so:

Mensch	
Tier	
Pflanze	
Stein	O

Das Verhältnis der höheren zu den niederen Schichten ist ein doppeltes: Die niederen sind die stärkeren, und die höheren sind von ihnen in ihrer Existenz abhängig. Inhaltlich dagegen sind die höheren von den niederen unabhängig. Das Grundbeispiel: Kant muß essen, um philosophieren zu können, andernfalls stirbt er und kann nicht mehr denken. Aber: das, *was* er denkt, ist von seiner Nahrungszufuhr völlig unabhängig.

Die Beziehungen zwischen den einzelnen Schichten werden durch die → Kategorien geregelt.

Phänomenologie
(zu gr. phainómenon ‚das Erscheinende‘)

Die Methode der Phänomenologie in dem Sinne, wie wir diesen Begriff heute verstehen, wurde durch Edmund Husserl entwickelt. Da Husserl ein extrem schwieriger Autor ist, versteht man das, was Phänomenologie ist, am besten in der praktischen Anwendung bei Autoren, die oft nicht direkt der Husserl-Schule angehören, aber von Husserl und seinem Kreis starke Anregungen empfingen – wie zum Beispiel Nicolai Hartmann, Helmuth Plessner oder Otto Friedrich Bollnow. Die Lektüre mancher Schriften dieser Autoren vermag also ein sehr viel konkreteres und lebendigeres Bild von dem zu geben, was „Phänomenologie“ ist, als die Schriften Husserls und seiner Schüler selbst. Nicht zufällig handelt es sich bei den genannten Philosophen gleichzeitig um solche, die auch der Lebensphilosophie, das heißt der hermeneutischen Interpretation der Lebenswirklichkeit, nahestehen.

In ihren Schriften erscheint die Phänomenologie einfach praktiziert in subtilen Schilderungen von Lebenssituationen, die im Leser den Eindruck hervorrufen: „Ja, so ist es auch“.

Als Beispiele für phänomenologische Beschreibungen seien genannt: Nicolai Hartmanns Analyse der Kunst im 47. Kapitel seines „Problem des geistigen Seins“; Helmuth Plessners Arbeiten zur Soziologie der modernen Forschung; Otto Friedrich Bollnows Buch „Mensch und Raum“, hierin zum Beispiel die Bemerkungen über den Wohnungswechsel, oder auch die

Schriften des produktiven Soziologen und Schülers von Hartmann und Plessner Hans Paul Bahrdt.

Prädikatenlogik

Die Prädikatenlogik behandelt die Verhältnisse von Prädikaten
(oder Prädikatoren) untereinander.

Ein weißer Schwan ist ein Gegenstand, dem die Prädikate
oder Prädikatoren „Schwan" und „weiß" zugesprochen werden können. Der Ausdruck „weißer Schwan" kennzeichnet
gewissermaßen den „Schnittpunkt" zweier Prädikatoren. Man
kann sich leicht denken, daß es einerseits auch nichtweiße, etwa schwarze Schwäne gibt, und daß andererseits auch viele andere Gegenstände außer Schwänen weiß sein können: Gänse,
Enten, Papierblätter, Taschentücher, Schnee. Unsere erste Prä-
dikatenverknüpfung ist also eine Und-Verknüpfung. Ein weißer Schwan ist ein Gegenstand, der Schwan und weiß ist.

Wir können uns nun aber auch einen Bereich von Gegenständen denken, die entweder Schwan oder weiß oder beides
sind. Diese dreifache Verknüpfung „entweder . . . oder . . . oder
beides" drücken wir in der Logik einfach durch *oder* aus und
betrachten dieses „oder" als „nichtausschließendes" Oder: es
bedeutet das eine oder das andere oder beides (heute auch gern
durch „und/oder" wiedergegeben). „Schweizer oder Deutsch-
sprachige" umfaßt also alle Schweizer und alle deutschsprachi-
gen Personen; auch diejenigen, die beides sind, nämlich die
Deutschschweizer.

Ein anderes Verhältnis zwischen den Prädikaten ist das
Einschlußverhältnis: Die Hunde bilden eine Untergruppe der
Säugetiere.

Die Bereiche zweier Prädikate können auch zusammenfal-
len, zum Beispiel: Alle Teiche sind Weiher; und umgekehrt:
Alle Weiher sind Teiche. Hier beruht die Bereichsgleichheit
auf der Inhalts-, das heißt Bedeutungsgleichheit beider Prädikate. „Weiher" und „Teich" sind Synonyme.

Demgegenüber gibt es auch Prädikate, die nicht den gleichen
Inhalt haben, aber sich dennoch auf den gleichen Bereich, das
heißt, auf die gleichen Gegenstände beziehen. Beispiel: „Lebe-

wesen mit Herz" und „Lebewesen mit Nieren". (→ Inhalt und
Umfang ...)

Die Verknüpfungen der Prädikatenlogik lassen sich leicht
überführen in → Mengen-Relationen einerseits und in die
→ junktorenlogischen Verknüpfungen andererseits.

In der Sprache der Mengenlehre (→ Menge) wären die betrachteten Verknüpfungen: Durchschnittsmenge („weiße
Schwäne"), Vereinigungsmenge („Schweizer oder Deutsch-
sprachige"), Untermenge („Hunde"), Obermenge („Säugetiere"), Mengengleichheit („Weiher/Teich"; „Lebewesen mit
Herz/Niere").

In der Sprache der → Junktorenlogik entsprechen die betrachteten Verknüpfungen den Junktoren „und", „oder",
„immer wenn", „nur wenn", „immer und nur wenn".

Prädikation

Der Vorgang, einem Gegenstand einen → Prädikator zu- oder
ihm ihn abzusprechen.

Nach sprachanalytischer Auffassung ersetzt die Prädikation
gewissermaßen die Wahrnehmung. Indem ich einen Gegenstand durch ein bestimmtes Wort als etwas Bestimmtes
„anspreche", lasse ich völlig offen, welcher Wahrnehmungsinhalt dem entspricht. Entscheidend ist vielmehr, daß die Individuen einer Sprachgemeinschaft sich einig sind, daß ein bestimmter Gegenstand durch ein bestimmtes Wort bezeichnet
wird.

Beispiel: Wir bezeichnen zwar alle die gleichen Gegenstände
als „violett" oder „nicht violett", doch wissen wir nicht und
können auch nicht wissen, ob jeder Mensch tatsächlich den
gleichen Wahrnehmungsinhalt hat, wenn er von „violett"
spricht. Mit einem einprägsamen Vergleich von Ludwig Witt-
genstein: Es ist, als ob jeder eine Schachtel besäße, in der er etwas hat, was er „Käfer" nennt. Jeder kennt nur seinen eigenen
Käfer, keiner kennt den eines anderen. Man weiß also gar
nicht, ob alle jeweils „Käfer" genannten Gegenstände gleich
aussehen; entscheidend ist, daß alle sich einig sind, den jeweiligen Gegenstand eben „Käfer" zu nennen.

Natürlich läßt sich durch solche sprachlichen Konventionen das Problem der „Wahrnehmung" nicht einfach beseitigen; die Physiker und Physiologen wird das nicht abhalten zu fragen, wie man den Farbeindruck auch objektiv bestimmen kann.

Ein entsprechendes Problem bietet der Begriff des → Denkens.

Prädikator
(lat. praedicere ‚ausrufen, bekannt machen, vorstellen‘)

Ein Prädikator ist ein Wort unserer Sprache, mit dem wir einen Gegenstand bezeichnen können. Dieser Ausdruck teilt also mit dem Ausdruck „Gegenstand" seine Unbestimmtheit, die ihn aber gerade zu seiner vielseitigen Verwendbarkeit befähigt.

Statt „einen Gegenstand mit einem Wort bezeichnen" können wir daher auch sagen „einem Gegenstand einen Prädikator zusprechen". Dieses Zusprechen eines Prädikators an einen Gegenstand bezeichnen wir auch als Prädikation.

Im Normalfall vollziehen wir die Prädikation so, daß wir auf einen Gegenstand, etwa ein Buch zeigen und sagen: „Dieser Gegenstand ist ein Buch."

Ein Prädikator muß aber keineswegs immer ein Substantiv sein. Er kann auch ein Adjektiv oder Verbum sein.

Wir können also auch „dies ist jung" oder „dies ist rot" sagen und ebenso „dies fährt", „dies klappert".

Die sprachliche Form des Prädikators spielt keine Rolle. Denn die Sprache wird im Zusammenhang mit der Sprachanalyse (→ Sprache, allgemein) einer Abstraktion unterworfen. Für „dies klappert" können wir daher auch sagen „dies ist ein Klapperer" – oder auch umgekehrt: statt „Dies ist ein Baum" auch „dies ist baumig" oder „dies baumt".

Auch „Inhaltsadverbien", also solche Adverbien, die von einem Adjektiv abgeleitet sind und daher nicht nur indikatorische Bedeutung (→ Indikator) haben, können Prädikatoren sein, etwa: „brüllt *laut*", „schwimmt *schnell*".

Prädizieren ist nicht nur Zusprechen, sondern auch Absprechen eines Prädikators, also: „Dies ist kein Buch", „dies ist kein Haus", etwa wenn wir es mit einem Heft oder einem Stallanbau zu tun haben. Wir können einem Prädikator also jeweils Gegenstände zuordnen, die wir ihm zu-, und solche, die wir ihm absprechen.

Einem Prädikator können wir beliebig viele Gegenstände zusprechen. Von grundsätzlich beliebig vielen Gegenständen können wir zum Beispiel sagen, sie seien ein Buch, sie seien rot, sie klapperten.

Ob einem Gegenstand ein bestimmter Prädikator zugesprochen werden kann oder nicht, entscheidet sich in der Alltagssprache nicht theoretisch, sondern durch den *Gebrauch* im Leben selbst.

Das Prädizieren ist also keine geheimnisvolle Sache, sondern etwas, was jeder tut. Schon das zweijährige Kind „prädiziert", indem es auf etwas zeigt und dazu ein Wort in seiner Sprache sagt. Auffällig ist dabei die Neigung, möglichst weite Prädikatoren zu gebrauchen, also das, was wir in der Umgangssprache „Oberbegriffe" nennen; oder – wie wir auch sagen könnten – zu abstrahieren. Bekannt ist unter Kindern „Wauwau" für jedes Tier oder „Eimer" für jedes Behältnis (etwa auch eine Handtasche); „mam" (Nachahmung des Schlagens) nicht nur für jede Uhr, sondern auch für Barometer und andere Instrumente mit rundem Zifferblatt (im digitalen Zeitalter allerdings nicht mehr denkbar).

Einen ausdrücklich eingeführten Prädikator (in der Wissenschafts- und überhaupt Fachsprache) bezeichnen wir als → Terminus.

Prädikatorenregeln

Die Prädikatorenregeln dienen der Verknüpfung der Prädikatoren untereinander.

Beispiele (die Sätze beziehen sich jeweils auf den selben Gegenstand):

Wer „Spaten" sagt, darf auch „Gerät" sagen.

Wer „Hase" sagt, darf auch „Säugetier" sagen.

Wer „Hase" sagt, darf nicht „Reh" sagen.

Die Beispiele zeigen: Die Prädikatorenregeln sollen festlegen, in welches Verhältnis wir die Prädikatoren zueinander setzen sollen.

Nun ist aber nicht zu verkennen, daß Prädikatorenregeln gar keine → Regeln im Sinne von Konventionen sind – jedenfalls im normalen Falle nicht.

Zwar bleibt es uns überlassen, welchen Prädikator wir einem Gegenstand zusprechen. So können wir einen Hasen auch „lepus" oder „hare" nennen, einen Hund auch „canis" oder „dog". Und auch Bezeichnungen wie „Säugetier" oder „Dobermann" können wir durch beliebige andere ersetzen. Wenn wir jedoch bestimmten Gegenständen bestimmte Wörter wie „Säugetier" oder „Dobermann" einmal zugesprochen haben, dann gilt:

Ob wir einen Hund auch als „Säugetier" bezeichnen dürfen oder nicht, ob wir einen Dobermann auch „Hund" nennen dürfen und einen Hund auch „Reh" – das liegt offenbar nicht mehr in unserem Belieben, da es sich hier um Beziehungen und Gliederungen handelt, die uns die Welt bereits vorgibt. Wir können zwar die Bezeichnungen für bestimmte Gegenstände frei wählen, nicht aber die Beziehungen zwischen diesen Gegenständen.

Also: Nur die Bezeichnungen, nicht die Beziehungen der zunächst frei bezeichenbaren Gegenstände unterliegen der Konvention.

Quantor

(Kunstwort aus lat. quantus ‚von welcher Größe, wie groß'; eigentlich Quantifikator, also etwa ‚Größenanteils-Macher')

So wie die logischen → Junktoren aus einer Auswahl und Umstilisierung der grammatischen Konjunktionen entstehen, so entstehen die Quantoren aus einer Auswahl bestimmter Pronomina, und zwar solcher, die bestimmte Anteile einer Gesamtanzahl bezeichnen:

In der formalen Logik, insbesondere der Syllogistik (→ Syllogismus), unterscheidet man vier Quantoren: alle, nicht alle, mindestens ein, (nicht mindestens ein =) kein; was zum Beispiel folgende Fälle ergibt:

Alle Schüler der Klasse können schwimmen bzw. sind Schwimmer.

Nicht alle Schüler der Klasse können schwimmen.

Mindestens ein Schüler der Klasse kann schwimmen.

(Nicht mindestens ein =) Kein Schüler der Klasse kann schwimmen.

Sprachlich gibt es freilich noch mehr Quantoren, etwa: „Manche", „wenige", „einige", „viele", „fast alle" und ihre Verneinungen: „nicht wenige", „nicht viele" und so fort.

Als Quantoren sind auch bestimmte Adverbien wie „nur", „auch", „immer" zu betrachten.

Quantorenlogik

Der Kern der Quantorenlogik besteht aus der Lehre von den Allsätzen und den Existenzsätzen und ihren Verneinungen (Negationen).

Es ergeben sich vier Fälle:

Allsatz:	Alle Schüler der Klasse können schwimmen.
Verneinter Allsatz:	*Nicht* alle Schüler der Klasse können schwimmen.
Existenzsatz	Mindestens ein Schüler der Klasse kann schwimmen.
Verneinter Existenzsatz:	*Nicht* mindestens ein = kein Schüler der Klasse kann schwimmen.

Angenommen, die Klasse hat 30 Schüler. Diese vier Sätze decken dann konkret folgende Anzahlen ab:

Alle Schüler		30
Nicht alle Schüler . . .	0 ←————————→	29
Mindestens ein Schüler . . .	1 ←————————→	30
Nicht mindestens ein Sch. . . .	0	

Rationalismus, Rationalität
(zu lat. ra̠tio ‚Rechnung, Abrechnung, Berechnung, Erwägung, Verfahren, Denkweise, Vernunft, Prinzip')

Philosophiegeschichtlich ist der Rationalismus zunächst die beherrschende Denkweise des „neuzeitlichen" Denkens in Philosophie und Wissenschaft, wie es sich seit etwa 1600 durchsetzt, vor allem sichtbar in den damals aufblühenden Disziplinen Mathematik und Naturwissenschaft (man denke nur an Descartes' analytische Geometrie und Keplers, Galileis und Newtons bahnbrechende Erkenntnisse). Das Prinzip des Rationalismus läßt sich also umschreiben durch die Kombination von (methodisch verfeinerter) Erfahrung der Wirklichkeit und (logisch-mathematischem) Denken – eine Kombination, wie sie ersichtlich auch noch dem „Logischen Empirismus" der Wiener Schule des frühen 20. Jahrhunderts zugrunde liegt.

In der augenblicklich theologisch-philosophisch-weltanschaulich gegebenen Weltsituation haben Rationalismus und Rationalität (Anerkennung der ratio als des herrschenden Erkenntnisprinzips) einen ganz neuen Wert zugeschrieben bekommen. Sie gelten heute als der Inbegriff „vernünftiger" Wissenschaft und Weltsicht überhaupt – gleichgültig, in welchem Sachbereich (Natur-, Geistes- und Sozialwissenschaften) und mit welcher Methode im einzelnen (deduktiv, induktiv, hermeneutisch und so weiter) – und der mit dieser „vernünftigen" Weltsicht" verknüpften Überzeugung, daß die Demokratie zwar auch keine ideale, aber die beste aller existierenden und möglichen Gesellschaftsverfassungen ist. Und zwar als Gegenbegriff zum Irrationalismus im weitesten Sinne: Fundamentalismus, das heißt verabsolutierter Dogmatismus der großen Weltreligionen und andererseits der alle rationalen Kriterien auflösenden Religionsgruppen, Sekten und Ideologien, wie sie heute oft unter dem Stichwort „New Age" geführt werden. Zur Vermeidung von Mißverständnissen muß bemerkt werden, daß eine seriöse christliche Theologie und entsprechende der Humanität und Toleranz verpflichtete Haltungen in anderen Weltreligionen auf die Seite der Rationalität gehören.

Realismus

(lat. res ‚Sache, Ding' [Plural ebenfalls *res*: ‚die Sachen, die Dinge']; davon real ‚die Sache, das Ding betreffend, dinghaft'. – Die übliche deutsche

Übersetzung von „real" ist ‚wirklich' von „wirken" ‚werken, arbeiten,
handeln'; „wirklich" also eigentlich: ‚wirkend, wirksam, durch Handeln er-
reichend'. „Wirklich" ist ursprünglich also gleichbedeutend mit lat. actualis
[von agere ‚handeln, tätig sein'] ‚tätig, tatsächlich', das seinerseits ein Begriffspaar mit „potentialis" bildet (→ aktual/potentiell); „real" und „wirklich" sind ursprünglich also nicht gleichbedeutend, werden heute aber im
allgemeinen von uns so gebraucht)

„Realismus" bedeutet also eine Lehre, die etwas als „real"
oder „wirklich" bezeichnet.

„Etwas": dieses unbestimmte Wort wurde mit Bedacht gewählt. Denn: *Was* jeweils als „real" bezeichnet wird, hat sich
im Laufe der Philosophiegeschichte grundlegend gewandelt, ja
geradezu in das Gegenteil verkehrt.

Für den Menschen des 20. Jahrhunderts ist „real" das Hand-
feste, das, was man sehen und anfassen kann: der Tisch, der
Baum und so weiter. Weniger real sind schon die „Ideen" wie
Freiheit oder Liebe, und am wenigsten real ist für ihn das Wesen, das „Gott" genannt wird; so haben moderne Atheisten
Gott mit einer schwarzen Katze verglichen, die in einem
dunklen, leeren Raum zwar nicht ist, von den Theologen aber
dennoch darin gefunden wird.

Genau die umgekehrte Vorstellung hatten jedoch Platon und
die Scholastik. Dort wurden gerade jene Gegenstände, die wir
als vage, abstrakt und unwirklich anzusehen geneigt sind, also
Ideen, Allgemeinbegriffe und ähnliches, als eigentlich „real",
dagegen umgekehrt die für uns so gewisse Welt der Alltagsge-
genstände als bloßer Schein betrachtet. Diese für uns heute so
unbegreifliche Auffassung kann man sich am besten mit Hilfe
der Formel merken: Gott ist das ens realissimum, das heißt: das
„allerrealste Wesen" – also das genaue Gegenteil von einer
schwarzen Katze, die nicht da ist.

Hier wird sichtbar, was wir auch in anderen Zusammenhängen immer wieder finden: Unsere heutige, für uns selbstverständliche Ansicht von etwas erweist sich oft als ein sehr spätes
Produkt des menschlichen Geistes, und gerade das uns als un-
natürlich, kompliziert, abwegig Erscheinende erschien vielen
(aber nicht allen) Philosophen in Antike und Mittelalter als das
Naheliegende. Das klassische Beispiel für diese „umgekehrte"

Sicht der Dinge ist das berühmte Höhlengleichnis Platons, für das die Gegenstandswelt eine Art Schattenspiel ist: gefesselte Leute in einer Höhle sitzen zwischen einem Feuer und der Höhlen-Rückwand und sehen hier von den draußen vorbeiwandelnden Menschen und Dingen nur die Schatten. Diese Schatten aber halten sie für die wirkliche Welt, weil sie ja nichts anderes kennen. Die Schatten sind also für Platon unsere Außenwelt, wie wir sie als scheinbar wirklich erleben – und die wahre bunte Welt vor dem Eingang der Höhle – das sind eben die Ideen: die Urbilder, die Allgemeinbegriffe, das Wesen der Dinge.

Diese philosophische Auffassung wurde nun im Mittelalter eben Realismus genannt, weil sie das in den Mittelpunkt stellte, was man damals als „real" auffaßte und bezeichnete: nämlich Gott und die Allgemeinbegriffe.

Wir würden eine solche Auffassung heute wohl eher → Idealismus nennen, weil das, was diese Lehre in den Mittelpunkt stellt, eben die Ideen sind. Realismus ist also ein *formaler* Begriff, denn er bezeichnet das, was *jeweils* als „res" *aufgefaßt* wird, ohne Rücksicht darauf, was diese „res" nun ist: Gott oder mein Schreibtisch. „Idealismus" ist hingegen ein inhaltlicher Begriff, da er zum Ausdruck bringt, was für jene Philosophen, die die Idee so hochschätzen, der zentrale Begriff ist.

Heute bedeutet „Realismus" also soviel wie die Lehre von der Realität der alltäglichen Umwelt, also des Schreibtisches und des Baumes. Der Gegenbegriff „Idealismus" ist, grob gesehen, das, was bei Platon und den Scholastikern „Realismus" hieß. Im neuzeitlichen Idealismus kommt noch ein Moment hinzu: das der Wahrnehmung: Was wir für wirklich halten, ist nur unsere „Idee", unser Gehirnprodukt. Auch hierfür ein Merksatz (von Berkeley): esse est percipi, Sein ist Wahrgenommenwerden.

Der „kritische Realismus" der ersten Hälfte des 20. Jahrhunderts – „kritisch", weil methodisch abgesichert – behauptet (wie ich meine, mit guten Gründen) die Realität der Außenwelt. Das heißt: Die Außenwelt, die wir im Alltagsleben ohnehin für real nehmen („naiver Realismus"), ist dies in der Tat; sie ist kein Hirngespinst, kein Produkt unseres Kopfes.

Was ist nun aber diese Welt? Konkret können wir sie beschreiben als ein „geschichtetes" Gebilde aus den „Stockwerken" Anorganisches, Organisches, Psychisches und Geistiges (→ Ontologie).

Hiermit entlarvt sich gleichzeitig der Konflikt zwischen „Materialismus" und „Idealismus" als Scheinproblem. Sie haben ja beide recht: Wer nicht ißt, kann nicht denken – aber *was* er denkt, ist nicht von seinem Essen abhängig.

Realität der Außenwelt

Der „natürlichen Weltsicht", wie wir alle sie in unserem Alltag anwenden, ist es selbstverständlich, daß die Gegenstände, die wir wahrnehmen, auch unabhängig von unserer Wahrnehmung existieren, daß also etwa, wie unsere Tochter mit vier Jahren feststellte, das Wohnzimmer auch nachts da ist, wenn es niemand sieht.

Auch dies ist merkwürdigerweise eine relative späte Frucht der menschlichen Weltansicht. Wenn wir in die Geschichte der Philosophie hineinblicken, finden wir erstaunlicherweise sehr viel Zweifel daran, daß die Umwelt, wie wir sie wahrnehmen, tatsächlich unabhängig von unserer Wahrnehmung ist. Immer wieder finden wir die Behauptung, daß die Welt nur Schein sei, nur Produkt unseres eigenen Gehirns bzw. des von ihm gesteuerten Wahrnehmungsapparates. Esse est percipi, Sein ist Wahrgenommenwerden, sagte George Berkeley. Dieses Mißtrauen gegen die Realität der Außenwelt bezeichnen wir in der Regel als „Idealismus": die Welt ist nur unsere Idee, aber nichts objektiv Existierendes.

Man darf heute mit guten Gründen sagen, daß es eine von unserer Wahrnehmung unabhängige Außenwelt tatsächlich gibt.

A. Hierzu folgendes Gedankenexperiment: Wir stehen vor der Westfront einer mittelalterlichen Kirche mit zwei verschiedenen Türmen. Der linke, nördliche Turm ist hoch und spitz, der rechte, südliche Turm ist niedrig und rund. Nun gehen wir um die Kirche herum, bis wir an ihrem östlichen Ende, also vor ihrem Chor stehen. Wieder erblicken wir die Türme. Nunmehr ist aber plötzlich der rechte Turm hoch und spitz, und der linke ist niedrig und rund.

Für unsere natürliche Weltansicht ist diese Tatsache selbstverständlich: Wir sehen die Turmfront jetzt eben „von der anderen Seite", und da muß links sein, was vorher rechts war, und umgekehrt. Den Idealisten jedoch muß diese Tatsache verwundern. Denn wenn das Bild der Kirche nur in meinem Gehirn existiert, dann könnte es doch konstant bleiben, wie eine Ansichtspostkarte der Kirchenfront, die ja auch immer das gleiche Bild bietet, gleichgültig, in welche Himmelsrichtung ich sie halte.

Ich gehe nun noch einmal um die Kirche herum und achte dabei darauf, daß sich das Bild – genauer: die jeweilige Ansicht, die ich von der Kirche habe – dauernd verschiebt, bis hin zu den sonderbarsten Formen, insbesondere etwa der Türme in ihrer Verkürzung. Wir sprechen von der wechselnden *Perspektive*, in der der Kirchenbau jeweils erscheint.

Alle diese Einzelperspektiven, wie sie jeweils einem Standpunkt zugeordnet sind, lassen sich als Perspektivbilder eines Gebäudes von bestimmter Beschaffenheit zusammenordnen. Wenn wir nicht ohnehin aus weiterer Entfernung die Gestalt der Kirche relativ verzerrungsfrei erkennen könnten, wären wir imstande, durch geometrische Operationen aus den verschiedenen „Schrägbildern" einer Kirche deren „objektive" Gestalt zu erschließen. Die einzelnen Perspektivbilder verhalten sich so, daß ihnen ein „an sich" konstanter, invarianter Gegenstand zugrunde liegen muß, der nur aus geometrischen Gründen in jeweils standortabhängiger besonderer Gestalt erscheint.

Wollten wir nun aber trotzdem an der idealistischen Theorie, nach der unsere Wahrnehmungen nur Bilder unseres eigenen Gehirns sind, festhalten, so müßten wir doch eines zugeben: Die verschiedenen Bilder, die uns die Kirche jeweils bietet, verhalten sich zueinander so, *als ob* daraus eine objektive, „an sich" daseiende Gestalt erschlossen werden könnte.

Dies könnten wir als die „Flugsimulator"-Theorie bezeichnen. Bekanntlich können schon heute Piloten weitgehend am Flugsimulator ausgebildet werden, einer Art computergesteuertem Kino, in dem alle möglichen Situationen, in die ein Flugzeug geraten kann, nachgebildet, „simuliert" werden können (natürlich mit Ausnahme einer realen Katastrophe, bei der der Pilot selber körperlich geschädigt würde). Diese Flugsimulatoren sind heute so fein entwickelt, daß ein Lernen im richtigen Flugzeug schon fast überflüssig ist, weil dort dem Fliegenden kaum etwas passieren kann, das er nicht schon vorher im Flugsimulator tausendmal durchgespielt hat. Der Flugsimulator imitiert die Wirklichkeit so perfekt, daß der Pilot sozusagen gar nicht mehr unterscheiden kann, ob er am Simulator oder im wirklichen Flugzeug sitzt.

Der Idealismus ist also in einer ausweglosen Lage: Selbst dann, wenn die Außenwelt nur unser Gehirnprodukt, eine Flugsimulation wäre, ließe sich die Simulation in nichts von einer erkenntnisunabhängigen Außenwelt unterscheiden. Wenn dem aber so ist, wäre es die einleuchtendere Hypothese, eine selbständige Außenwelt anzunehmen anstelle einer Vielzahl von „Wahrnehmungscomputern", die, jeder für sich, in jedem Individuum immer wieder die gleiche Bildwelt produzieren.

Wollte man aber einen „metaphysischen" Gesichtspunkt hineinbringen, käme man zu einer Art „Reverenzargument". Das heißt: Wenn ein höchstes Wesen – heiße es nun Gott oder anderswie – allen Menschen, so wie es die Idealisten meinen, jeweils eine Bilderwelt eingepflanzt hätte, so wäre doch diese Bilderwelt, die wir gesehen haben, so beschaffen, *als ob* sie auch die Wahrnehmung einer real existierenden Außenwelt sein könnte. Gott hat die Welt so eingerichtet, daß man sie – mit Hilfe von Schlüssen aus Wahrnehmungseindrücken – als real existierend *verstehen könnte,* selbst wenn sie es tatsächlich nicht sein sollte. Damit erweist Gott gleichsam dem Realitätsprinzip seine „Reverenz", denn wenn er dieses nicht schätzte, hätte er die Wahrnehmung ja auch anders organisieren können, etwa nach dem Ansichtskartenprinzip starrer, unwandelbarer Gehirnbildchen.

Die Gebäude-Perspektive war natürlich nur ein beliebiges, jedoch besonders anschauliches Beispiel für die Diskussion der Realitätsfrage; das gleiche würde man auf anderen Gebieten der Optik und in anderen Sinnesbereichen genauso nachweisen können.

Allgemein läßt sich sagen: Die verschiedenen Erscheinungsformen eines Gegenstandes lassen sich überzeugend so zusammenordnen, daß sie zur Annahme eines erkenntnisunabhängigen Gegenstandes führen. Die Verschiedenheit der Erscheinungen eines Gegenstandes sind ein Beweis gerade nicht gegen, sondern *für* eine Realität, weil sie den Gegenstand gleichsam von allen Seiten einkreisen und einander ergänzen wie Peil-Messungen (→ Erscheinung).

B. Alles bisher Gesagte bezog sich nur auf die Wahrnehmungswelt, das heißt auf eine Welt, die im wesentlichen aus anorganischen (wozu in diesem Fall auch vom Menschen geschaffene materielle Gebilde wie etwa Bauwerke gehören) und pflanzlichen Gegenständen, gelegentlich auch Tieren bestehen.

Schon auf dieser Ebene konnten wir nachweisen, daß es eine reale Außenwelt geben muß oder daß doch auf jeden Fall unsere Wahrnehmungswelt so eingerichtet ist, *als ob* es eine solche reale Außenwelt gäbe.

Überhaupt noch nicht haben wir uns mit dem Menschen selbst beschäftigt. Dieser tritt in unserer Wahrnehmungswelt ja in doppelter Rolle auf: als wahrnehmendes Subjekt selbst und als anderer Mensch, der – wie wir vorläufig sagen können – neben anorganischen Gebilden, Pflanzen und Tieren zu unserer Wahrnehmungswelt gehört.

Descartes hat den berühmten Satz geprägt: cogito ergo sum, ich denke, also bin ich. Damit wollte er sagen: Selbst wenn die gesamte Außenwelt nicht real existiert: ich selber als denkendes und fühlendes Subjekt existiere doch ohne jeden Zweifel. Dies muß sogar der Idealist anerkennen. Denn selbst wenn die ganze Welt nur ein Hirngespinst wäre – das Hirn selber, das diese Vorstellungen spinnt, müßte es doch auf jeden Fall geben. Gewiß – für ein rein mechanistisches Weltbild wäre auch das nicht beweisbar. Aber Descartes und wir mit ihm gehen einfach davon aus, daß der Mensch ein Wesen besonderer Art ist, das nicht einfach existiert, sondern diese Existenz auch wahrnehmend, denkend und fühlend bewußt erlebt.

Wenn dem aber so ist, muß der Mensch auch den zweiten Schritt tun und begreifen, daß die anderen Menschen, die er in Gegenständen der Welt vorfindet, keine Gegenstände unter anderen sind (also auch Gegenstände, die der Idealist für nicht wirklich existierend erklären könnte), sondern er versteht, daß jeder dieser Menschen ein denkendes und fühlendes Subjekt ist wie er selbst.

Aus dem „cogito ergo sum" folgt also ohne weiteres das „etiam cogitatis, ergo etiam estis": Ihr (anderen Menschen) denkt ebenfalls, also existiert ihr auch. Und dies ist nun nicht nur ein einfacher Analogieschluß: „Die müssen so sein wie ich, weil sie so aussehen wie ich" – sondern es ist ein unmittelbares Erfahren und Erfassen des anderen aus dem zwischenmenschlichen Umgang.

Der Mensch handelt gegenüber dem Mitmenschen, und dieser wiederum an ihm. Für beide ist dies real. Es würde auch wenig Sinn haben, wollte ich den Chef, der mir gerade meine Entlassung mitteilt, für ein Bildchen in meinem Gehirn halten. Denn hier geht es ja nicht einfach um eine Wahrnehmung (ich sehe und höre den Chef sprechen), sondern es hat reale Folgen: ich bin deprimiert, meine Frau ist verzweifelt, wir haben kein Einkommen mehr – all das ist real. Real sind selbst meine Hoffnungen und Befürchtungen, sogar dann, wenn sie „gegenstandslos" bleiben.

Hieraus ergibt sich: Der Idealismus ist, wenn überhaupt, nur auf das Gebiet der Wahrnehmung von Gegenständen, die selbst passiv sind, anwendbar. Sobald es um zwischenmenschliches Leben geht, ist alles real. Und weil dem so ist, kann man im Rückschluß dann ja auch sinnvollerweise die gesamte Welt als real ansehen.

reflexiv
(zu lat. reflęctere ‚zurückwenden')

Die Reflexivität ist eine Eigenschaft einer → Relation. Sie bedeutet das gleiche wie in der Grammatik („sich" ist ein „Reflexivpronomen"): nämlich die Zurückwendung eines Gegenstandes bei der Relation auf sich selbst. A kann B waschen – aber er kann auch „sich" selbst waschen. Die Relation „wäscht" kann also sowohl reflexiv als auch nicht reflexiv sein.

Eine Beziehung, die immer reflexiv ist, heißt totalreflexiv, zum Beispiel die Gleichheit: Jeder Gegenstand muß sich selbst gleich sein.

Eine Beziehung, die nie reflexiv sein kann, heißt irreflexiv. Zum Beispiel: Vater von, nördlich von.

Regel
(lat. regula ‚gerades Stück Holz, Richtscheit, Lineal'; von lat. regere ‚gerade richten, lenken, beherrschen')

Unter einer Regel verstehen wir eine Anweisung, die gar nicht inhaltlich begründet werden kann, sondern willkürlich festgesetzt wird und lediglich dem Zweck dient, ein Verhalten zu ordnen. Eine typische „Regel" ist zum Beispiel: Auf öffentlichen Straßen haben alle Fahrzeuge die rechte Straßenseite zu benutzen.

Diese Regel ist offenbar willkürlich. Denn es ist völlig gleichgültig, ob die Benutzung der rechten oder der linken Straßenseite für verbindlich erklärt wird. Bekanntlich gab und gibt es noch Länder, in denen links gefahren wird, und selbst in manchen Ländern, in denen für den Straßenverkehr die Rechts-Regel gilt, fahren die Eisenbahnen auf zweigleisigen Strecken links. Die Rechtsfahrregel dient also lediglich dem Zweck, ein Verkehrschaos zu verhindern; sie hat keinerlei inhaltlichen Grund. Auf solche Weise willkürlich festgesetzte Regeln nennen wir auch Konventionen.

Regelkreis
Unter einem Regelkreis versteht man ein → System, in dem ein Wahrnehmungsglied (etwa ein Thermometer) durch seine Reaktionen ein Handlungsglied (etwa einen Heizungsschalter) beeinflußt.

Das einfachste Beispiel: Der Zeiger eines Thermometers ist so an einem Heizkörper angebracht, daß seine temperaturbedingte Stellung auf der Skala gleichzeitig eine bestimmte Schalterstellung bewirkt: Wird es wärmer, reduziert er die Temperatur und umgekehrt. Dies ist das Prinzip des Thermostaten.

Andere Beispiele:

Der Fliehkraftregler bei der Dampfmaschine. Je höher die Gewichte durch die Umdrehung steigen, desto mehr drosseln sie die Dampfzufuhr: die Maschine läuft langsamer, die Fliehkraftgewichte sinken, die Dampfzufuhr wird wieder erhöht.

Die Farbband-Umschaltung der Schreibmaschine. Das Farbband wird während des Tippens ständig hin- und hergespult. Daher muß es auch regelmäßig umgeschaltet werden. Hierfür wird das Farbband beim Einspannen über zwei kleine Hebel geführt, die außen vor je einer der Bandspulen sitzen. Kommt nun das Band an einem Ende an, kann die leer gewordene Spule kein Band mehr hergeben. Das Band zieht sich über dem Hebel bei der leer gewordenen Spule stramm, der Hebel wird gedrückt und schaltet seinerseits die Laufrichtung des Bandes um.

Der Schweinezyklus. Gibt es viele Schweine, vermindert sich ihr Kaufpreis, und der Bauer verdient nichts mehr an ihnen. Daher schränkt er die Schweinehaltung ein. Die Schweine werden dadurch knapp und somit teurer, es lohnt sich wieder, Schweine zu produzieren . . .

Relation, Beziehung, Verhältnis
(lat. relátio, zu reférre ‚zurücktragen, auf etwas (zurück)beziehen‘)

In der Logik ist „Relation" ein Analogiebegriff zu → „Eigenschaft". Auch der Begriff der Relation läßt sich aus dem Begriff des → Prädikators ableiten, und zwar des zwei- oder mehrstelligen Prädikators, also eines Prädikators, der zwei Gegenstände miteinander verknüpft. Beispiele für Relationen: A liegt neben B, A ist Vater von B, A ist eifersüchtig auf C wegen B. (→ Eigenschaft)

Relationsprodukt
(zu lat. prod̦ucere ‚hervorführen, hervorbringen‘)

Ein Relationsprodukt entsteht durch das Hintereinander-schalten zweier verschiedener Relationen. Anschauliche Beispiele für Relationsprodukte sind Verwandtschaftsbeziehungen:

Der Bruder des Vaters ist der Onkel, die Schwester des Ehemannes ist die Schwägerin, die Mutter des Ehegatten ist die Schwiegermutter.

Anders als in der Mathematik können die „Faktoren" des Relationsproduktes nicht vertauscht werden:

Der Vater des Bruders ist der eigene Vater, der Ehemann der Schwester ist der Schwager, der Ehegatte der Mutter ist der Vater.

Wenn wir eine Relation mit sich selbst multiplizieren, bekommen wir gewissermaßen eine Relationspotenz:

Vater/Vater = Großvater
Tochter/Tochter/Tochter = Urenkelin

Natürlich besteht ein Zusammenhang zwischen einer Relationspotenz und der Transitivität der betreffenden Relation, denn die Transitivität hat es ja mit dem zwei- oder mehrmals Setzen der gleichen Relation zu tun.

Bei intransitiven Relationen (Vater von, Tochter von) sind die Potenzen nicht gleich der einfachen Relation (Großvater, Enkelin), bei transitiven Relationen dagegen ergibt die Potenz wieder die gleiche Relation: kleiner als, älter als, nördlich von, Vorfahr von, Nachkomme von. (→ transitiv)

Relativismus
(zu lat. relativ ‚zurückgetragen, auf etwas bezogen‘)

Im großen und ganzen kann man die Begriffe Historismus (→ Historische Methode) und Relativismus einander gleichsetzen. Relativismus ist das Bewußtsein, daß es in vielerlei Hinsicht keine absoluten Wahrheiten gibt, sondern verschiedene Auffassungen gleichberechtigt nebeneinander stehen. Begriffe wie Pluralismus, Liberalismus, Toleranz, Offenheit, Vorurteilsfreiheit, Verstehenwollen und -können auch der verschiedenartigsten Lebensformen und Weltanschauungen, das Als-gleichwertig-Betrachten des scheinbar Minderwertigen –

das alles kann man unter dem Begriff des Relativismus zu-
sammenfassen. Freilich ist hiermit die Existenz absoluter
Wahrheiten nicht ausgeschlossen. Diese gelten vor allem im
Bereich des Apriorischen: der Mathematik, und in ihrem weiteren Umkreis auch der Bereich der durch induktive Methode
gesicherten naturwissenschaftlichen Aussagen.

Der andere große Bereich des Apriorischen im menschlichen
Dasein ist der Bereich der Ethik. Ethische Normen sind ebensowenig wie mathematische Aussagen dem Relativismus unterworfen.

In der Praxis werden ethische Normen und soziologische
Aussagen leicht miteinander verwechselt. Selbstverständlich
gibt es in verschiedenen Gesellschaften verschiedene „Gepflo-
genheiten", die als solche wertfrei erforscht und festgestellt
werden können. Das bedeutet aber nicht, daß solche Gepflo-
genheiten auch ethisch gebilligt werden müssen. Ein Beispiel:
Der Soziologe kann feststellen, daß in manchen Kulturen die
Beschneidung von Mädchen üblich ist. Als Relativist kann er
sagen: Das ist eben Ausdruck einer eigenwertigen Kultur, die wir
nicht zu kritisieren haben. Der Ethiker kann sich hiermit nicht
zufriedengeben. Denn für ihn ist die Würde und Unversehrt-
heit der Frau eine apriorische ethische Norm, die jedermann
zugemutet werden muß, ohne Rücksicht auf die weltanschaulichen Forderungen der jeweiligen Gesellschaft. Andererseits ist
beispielsweise die Ehe ohne Trauschein keine Frage der Ethik,
und auch die Polygamie nicht – wenn nur jeder Frau ihre
Würde zuerkannt wird (wozu dann zum Beispiel auch Polygamie seitens der Frauen gehört). Was berechtigterweise relativ
ist und was nicht, bestimmt also jeweils die ethische Analyse.

Sachverhalt

Ein Sachverhalt ist der Gegenstand einer Aussage oder eines
Satzes. Oder umgekehrt: Eine → Aussage oder ein Satz ist die
sprachliche Darstellung eines Sachverhaltes.

Beispiel: Dieses Haus ist dreistöckig.

Ein Sachverhalt ist durch nichts anderes bestimmt als durch
das sprachliche Gebilde der Aussage. Alles, was Gegenstand

einer Aussage sein kann, kann auch ein Sachverhalt sein. Ein Sachverhalt ist also nicht etwas „an sich" Bestimmbares, sondern immer nur möglich als Gegenstand, Korrelat, Entsprechung einer Aussage als eines sprachlichen Gebildes.

Der Begriff des Sachverhaltes muß sich keinerlei einschränkende Bestimmungen gefallen lassen wie etwa „Sache an sich" oder ähnliches. Nichts wäre falscher, als aus der zufälligen deutschen Bezeichnung „Sachverhalt" (engl. proposition) eine Begriffsbestimmung abzuleiten. Sachverhalt heißt einfach ‚wie etwas beschaffen ist'. Hierbei darf also weder dem Wortteil *Sache* eine Bedeutung wie ‚res', ‚Ding an sich', ‚An sich Seiendes' untergeschoben werden, noch hat der Wortteil *-verhalt* womöglich etwas mit *Verhalten* im Sinne des Behaviorismus zu tun.

Sachverhalt ist also ein ganz neutraler Terminus, der schlechthin alles in sich begreift, was überhaupt Gegenstand einer sprachlichen Aussage sein kann.

Ein Beispiel: Jemandem, der sich in einer Diskussion bemüht zu erklären, was man unter einem Sachverhalt versteht, wird in der Regel folgendes Argument entgegengehalten:

„Es gibt doch gar keine Sachverhalte an sich. Der Spaziergänger, der Förster, der Holzkaufmann und der Soldat sehen doch jeder den Wald ganz verschieden. Einen ‚Wald an sich' gibt es doch gar nicht."

Das Mißverständnis liegt hier darin, daß man glaubt, der hier zur Diskussion stehende „Sachverhalt" sei eben „der Wald", und daß man dann aus der unbezweifelbaren Tatsache, daß es keinen Wald an sich gibt, schließt, daß es also auch keinen Sachverhalt an sich geben könne.

Doch genau das ist mit dem Begriff Sachverhalt gerade nicht gemeint. Der Sachverhalt bestünde nämlich beim Thema „Wald" gerade in der Feststellung, *daß* es einen Wald „an sich" *nicht gibt.*

Die Aussage: „Es gibt keinen Wald an sich; jeder sieht ihn anders" bezeichnet als solche gerade den Sachverhalt, um den es hier geht.

Mit anderen Worten: jede noch so skeptische, kritische, relativierende Aussage kann in dem, was sie aussagt, immer nur einen Sachverhalt aussagen. Angenommen, ein Philosoph behauptet: „Es gibt kein ‚Ding an sich‘", so hat er damit dem Sachverhalt Ausdruck verliehen, daß es kein Ding an sich gebe – völlig unabhängig davon, ob wir ihm das glauben oder ob es überhaupt zutrifft.

Das entscheidende Merkmal des Begriffes *Sachverhalt* ist also seine *Indifferenz,* seine Gleichgültigkeit gegenüber allen möglichen Unterscheidungen.

Ein Sachverhalt, über den wir eine Aussage machen, muß auch keineswegs unbedingt tatsächlich bestehen. Er kann bestehen oder nicht bestehen.

Sagen wir: „Zweimal zwei ist vier" oder: „Der Himmel ist blau", so bestehen die damit ausgesagten Sachverhalte in unserer Welt zweifellos.

Wenn wir hingegen sagen: „Zweimal zwei ist fünf" oder „Der Himmel ist grün", so stellen wir damit Sachverhalte dar, die *nicht* bestehen.

Ein Sachverhalt ist also etwas, das nicht unbedingt bestehen *muß,* aber bestehen *könnte.* Ein Sachverhalt braucht nur *möglich* zu sein. Daß zweimal zwei fünf oder der Himmel grün ist, wäre durchaus möglich – oder, wie wir auch sagen könnten – ist nicht sinnlos. Auch Aussagen, wie „Beethoven hat zehn Symphonien geschrieben" und „Die zehnte Symphonie von Beethoven hat nur drei Sätze" (diese Beispiele aus Kamlah/Lorenzen, Logische Propädeutik) sind nicht sinnlos, sondern stellen mögliche (oder denkbare) Sachverhalte dar.

Ein Sachverhalt kann bestehen oder nicht bestehen. Einen bestehenden Sachverhalt bezeichnen wir als *Tatsache.*

Eine Aussage, die sich auf einen bestehenden Sachverhalt, also auf eine Tatsache, bezieht, nennen wir wahr.

Eine Aussage, die sich auf einen nicht bestehenden Sachverhalt bezieht, nennen wir falsch.

Sachverhalte können bestehen oder nicht bestehen.

Aussagen (oder Sätze) können wahr oder falsch sein.

Semiotik
(zu gr. sēma, sēmeīon ‚Zeichen‘; lat. signum)

Semiotik ist der Gesamtbereich der Zeichentheorie, insofern sie sich auf das Verhältnis der drei Dimensionen Syntaktik, Semantik und Pragmatik bezieht.

Gehen wir von einem einfachen und anschaulichen Beispiel aus.

0. Keine Zeichendimension. Ich gehe im Wald spazieren und stolpere fast über einen Zweig, der mitten auf dem Weg liegt. Daran ist nichts Besonderes – auch nicht daran, daß dieser Zweig geknickt ist.

1. Syntaktische Zeichendimension

Plötzlich begegnen mir einige Jungen. Sie erblicken den Zweig, bleiben stehen, flüstern aufgeregt miteinander und gehen schräg in den Wald hinein. Nun sehe ich den Zweig mit anderen Augen an. Er ist nun kein bloßer Gegenstand an sich, sondern fungiert als → „Zeichen", in unserer Terminologie genauer gesagt als → Marke.

Ich weiß also nun, daß der Zweig ein Zeichen sein soll, ich weiß aber noch nicht, was das Zeichen „bedeuten" soll.

Diese Situation ist sehr häufig: Wir wissen, daß chinesische Schriftzeichen Zeichen und nicht einfach Bildchen sind – und können sie dennoch nicht lesen. Wir lesen einen Text oder hören ein Gespräch in einer fremden Sprache. Wir sehen einen Text von Kant. Hier verstehen wir sogar die meisten Wörter für sich als einzelne Gebilde, und wir durchschauen auch den Satzbau: wir wissen, was das Subjekt, was das Prädikat und so fort ist. Aber wir verstehen den Text nicht in seinem Sinnzusammenhang. Dieses Verhältnis zu einem Zeichengebilde nennen wir die „syntaktische" Zeichendimension. „Syntax" heißt ‚Zusammenordnung' und es ist etwa so zu verstehen wie in der Grammatik, wo es ‚Satzlehre' bedeutet.

2. Semantische Zeichendimension

Nun komme ich aber mit einigen Jungen ins Gespräch, und sie erklären mir, was das Zweigzeichen besagen soll:

„Daß der Zweig nach rechts geknickt ist, bedeutet, daß wir nach rechts in den Wald gehen sollen. Daß ferner der nach rechts geknickte Teil des Zweiges im Vergleich zu dem anderen sehr lang ist, bedeutet, daß wir sehr schnell gehen sollen" und so fort.

Hiermit ist die „Bedeutung" des Zeichens, dessen Realisati-
on als „Marke" der Zweig ja darstellt, geklärt. Die → Bedeutung eines Wortes ist aber das, was das Wort uns zu verstehen
gibt. Da das Wort aber nur der Unterfall eines Zeichens ist,
können wir nun auch allgemeiner sagen:

Die Bedeutung eines Zeichens ist das, was uns das Zeichen
zu verstehen gibt.

Die Dimension der Zeichen, in der sie uns ihre Bedeutung
enthüllen, nennen wir die *semantische* Dimension. Semantisch
erfassen wir Zeichen also dann, wenn uns bekannt ist, wofür
sie stehen sollen.

3. Pragmatische Zeichendimension

Es könnte sein, daß die im Wald spielenden Kinder meine
eigenen sind. Ich werde dann kaum darum herumkommen,
selber mitzuspielen. Die Spielregeln werden für meine Person
praktisch verbindlich. Ich muß mich selbst nach dem Zeichen
richten, das der geknickte Zweig mir gibt, also auch selbst
seitwärts in den Wald gehen und so fort.

Als Fußgänger verstehe ich, was ein Stoppstraßenschild bedeutet. Aber diese Bedeutung hat für mich keine praktischen
Konsequenzen. Für den Autofahrer hingegen ist das Stoppstraßenschild unmittelbar verbindlich. Er muß anhalten und
kann dann erst über die Kreuzung fahren.

Wenn ich Kant lese, freue ich mich, wenn ich den Sinnzusammenhang des Textes verstehe. Dieses Verständnis eines Autors ist in diesem Falle schon der Endzweck der Lektüre. Ich bleibe also in der semantischen Zeichendimension.

Am nächsten Tag bringt die Post mir einen Steuerbescheid.
Ich „verstehe" den Text des Bescheides dahingehend, daß ich
2000 DM Einkommensteuern nachbezahlen soll. Doch bei diesem bloßen Verständnis dessen, was der Text mir sagen will,
kann ich es leider nicht bewenden lassen. Ich muß das Geld
auch wirklich bezahlen.

Aus allen diesen Beispielen wird deutlich, daß es hinter der
syntaktischen und der semantischen Zeichendimension noch
eine dritte gibt: die *pragmatische*. In dieser Dimension fordert
mich das Zeichen zu einem bestimmten Handeln auf. Ich soll

nicht nur verstehen, was es bedeutet, sondern darüber hinaus auch, was mir durch das Zeichen aufgetragen wird.

Zusammenfassend kann also gesagt werden:

1. Die syntaktische Zeichendimension hat es mit den Beziehungen der Zeichen untereinander zu tun.

2. Die semantische Zeichendimension hat es mit den Beziehungen der Zeichen untereinander und dem, wofür sie stehen, zu tun.

3. Die pragmatische Zeichendimension hat es mit den Beziehungen der Zeichen untereinander, dem, wofür sie stehen, und dem, was das Bezeichnete für die beteiligten Personen als Handlungsaufforderung darstellt, zu tun.

Die Semiotik ist also der Gesamtbereich der Zeichentheorie, soweit sie sich mit dem Verhältnis der drei Dimensionen Syntaktik, Semantik und Pragmatik befaßt.

Sinn

(verwandt lat. sensus ‚Wahrnehmung, Bewußtsein, Empfindung, Gefühl, Stimmung, Verständnis, der in einer Schrift sich darbietende Gehalt‘; zu sentire ‚wahrnehmen, fühlen, erfahren, denken, verstehen‘)

„Sinn" bedeutet ursprünglich ‚Reise, Weg, Richtung‘ (daher auch „im Uhrzeigersinn"), ‚Ziel‘ („auf etwas sinnen"); daher dann auch der Zweck, der Nutzen („hat es Sinn, sich damit noch abzuplagen?"), weiter der Gehalt, der Zusammenhang („Sinnzusammenhang"), schließlich auch die Bedeutung, das Ziel, das Sich-Lohnen des ganzen Lebens überhaupt.

Der Begriff des Sinns hängt eng mit Begriffen wie → Ganzheit und → Hermeneutik zusammen. Den „Sinn" von etwas erfassen heißt: es als Ganzheit begreifen. Das Ziel der Hermeneutik ist es, den Sinn eines Gebildes zu erfassen, mit dem man es zu tun hat – den Sinn eines Textes, eines Kunstwerkes, eines menschlichen Verhaltens.

Sozialwissenschaften

(zu lat. socius ‚gemeinsam, teilnehmend‘; ‚Genosse, Teilnehmer‘ zu sequor, gr. hépomai, ‚folgen, begleiten‘; lat. socialis ‚die Gesellschaft, Gemeinschaft betreffend‘)

Die Sozialwissenschaften beschäftigen sich mit dem „Gesellschaftlichen" im weitesten Sinne.

Zu den Sozialwissenschaften rechnet man im wesentlichen die Wirtschaftswissenschaften, die Soziologie und die Politologie; ferner auch noch einige andere Disziplinen, die nicht insgesamt als Sozialwissenschaften zu betrachten sind, deren Gegenstand aber gleichwohl soziale Aspekte aufweist. Dies gilt etwa für die Psychologie, insbesondere die (ausdrücklich so genannte) Sozialpsychologie, ferner die Soziogeographie und auch die Rechtswissenschaft, soweit sie es mit sozialwissenschaftlichen Fragestellungen zu tun hat.

Eine eigene Methodik ist den Sozialwissenschaften nicht zugeordnet. Vielmehr verwendet sie – je nach Gegenstand und Fragestellung – naturwissenschaftlich-induktive oder geisteswissenschaftlich-hermeneutische Methoden.

Die Wirtschaftswissenschaft etwa stützt sich weitgehend auf mathematisch-induktive Methoden. In der Soziologie stehen beide Methodenbereiche deutlich nebeneinander. So kann man, je nach Thema und Fragestellung, einer soziologischen Untersuchung induktive oder phänomenologische Methoden zugrunde legen (→ Geisteswissenschaften; → Methoden, empirische; → Phänomenologie).

Sprache, allgemein und philosophisch

In philosophisch-wissenschaftstheoretischer Sicht unterscheiden wir drei Bedeutungen:

A. Die menschliche Sprache als konkretes Gebilde: als Gegenstand der Sprachwissenschaft (Linguistik).

B. Die menschliche Sprache in logisch-abstrahierender Bedeutung: als Gegenstand der logischen Sprachanalyse.

C. Im allgemeinen Sinne als ein System von Zeichen, die keine i.e.S. sprachlichen Gebilde mehr sein müssen: als Gegenstand der allgemeinen Zeichentheorie.

A. I. Geschichtliche (diachronische) Sprachbetrachtung (→ historisch/systematisch). Im 19. Jahrhundert (im Zuge der „historischen Schule" in allen Wissenschaften) entstanden: die geschichtliche Entwicklung der Sprache wird möglichst von den frühesten Zeugnissen an erforscht, um damit die gegenwärtige Sprache geschichtlich zu erklären. Ein Wort wie „Bruder" „gibt" es nicht einfach als solches, sondern man kann seine Herkunft aus einem gemein-indogermanischen Wort, das etwa „frater" lautet, erklären.

A. II. Systematische (synchronische) Sprachbetrachtung (→ historisch/systematisch). Erst seit Ende des 19. Jahrhunderts in den Vordergrund gerückt. Sie betrachtet die Sprache eher als unhistorisches System von Lauten, das einfach als gegeben hingenommen und in seinem Sosein betrachtet wird.

B. Die logische Betrachung der Sprache amputiert und präpariert die lebendige Sprache. Sie sieht von konkreten Details ab.

I. Der formale Aspekt: → Abstraktion. Es interessieren weder Laute (Phoneme) noch grammatische Formen; die kleinste Einheit, die interessiert, ist das *Wort* in seinen verschiedenen logischen Gattungen: als → Prädikator, → Indikator, → Junktor, → Quantor und so fort.

II. Der inhaltliche Aspekt: → Prädikation. Die Grundunterscheidung ist die zwischen „Gegenstand" und „Wort". Wir sprechen mit Wörtern unsere Sprache über Gegenstände.

C. Wörter als sprachliche Zeichen sind nur ein Unterfall von „Zeichen" überhaupt. Im Verkehr, bei Bauarbeiten, im Sport verständigen wir uns mit Zeichen. Auch im Alltag sprechen wir von „Zeichensprache". Das Wort „Sprache" wird also weit über den Raum der „Sprache" im engeren Sinne hinaus verwendet. So spricht man von der Sprache der Mathematik und der Logik, von Programmiersprachen oder Computersprachen, wobei unter „Sprache" nur noch die Zuordnung zwischen bestimmten „Befehlen" und Operationen in den Rechnern gemeint ist. Die Wissenschaft von der Sprache geht dann in die Zeichentheorie oder → Semiotik über.

Sprache, Beobachtungs-

Die Sprache, das heißt: der Bestand an → Prädikatoren, die der Wissenschaftler, der etwas beobachtet, für seine Protokolle benutzt. Der Astronom kann vieles von dem, was er am Sternenhimmel beobachtet, direkt benennen: etwa die Farbe und die Helligkeit von Sternen, ebenso ihren Ort nach den Himmelskugelkoordinaten Deklination (Winkelabweichung vom Himmelsäquator, der geographischen Breite auf der Erde entsprechend) und Rektaszension (Winkelabstand vom Frühlingsmeridian, der geographischen Länge auf der Erde entsprechend) oder auch ganz anschaulich nach der Stellung in bestimmten Sternbildern oder bei bestimmten Einzelsternen. Auch die scheinbare Bewegung von Planeten vermag er zeichnerisch darzustellen.

Sprache, theoretische

Der Erfahrungswissenschaftler muß die von ihm gemachten Beobachtungen in → Hypothesen, → Gesetze und → Theorien umsetzen. Dabei steht er nun vor folgender Schwierigkeit: er muß Begriffe für beobachtbare Gegenstände in Begriffe für nicht beobachtbare Gegenstände (nämlich in die Begriffe seiner Hypothesen und Theorien) umwandeln.

So kann etwa der Astronom Sterne und ihre scheinbaren Bewegungen direkt beobachten; in den Theorien, die er aufstellt, benötigt er aber Begriffe wie „Bahnellipse", „Gravitation" und andere. Die diesen Begriffen entsprechenden Gegenstände kann er nicht direkt beobachten.

Daraus entsteht das Problem der „Übersetzung" von Beobachtungsbegriffen in theoretische Begriffe und umgekehrt.

Statistik

(zu lat. status ‚Stellung, Stand, Beschaffenheit, Lage'; daraus mhd. frühnhd. das Wort „Staat", das im 17. Jh. die Bedeutung ‚Territorium, Land, Reich' annahm)

Statistik bedeutet demnach eigentlich ‚Staatslehre'. In Übereinstimmung mit dem noch heute geläufigen populären Sprachgebrauch bestand Statistik also zunächst in Informationen über den Staat in Gestalt von Daten und Zahlen. Statistik in diesem Sinne hat es immer mit dem Zählen ganzer Bestände zu tun, im Sinne von Einwohnerzahlen, Ein- und Ausfuhrzahlen, Arbeitslosenzahlen, Jahresumsatzzahlen von Unternehmen und so weiter. „Statistik" in diesem Sinne betreiben die Statistischen Ämter der Gemeinden, der Länder und des Bundes.

Demgegenüber hat sich im 19. Jahrhundert ein völlig neuer Begriff von Statistik entwickelt. Diese zweite Art der Statistik wird auch Forschungsstatistik oder Stichprobenstatistik genannt. Sie hat es nicht mehr mit Gesamtanzahlen zu tun, die sie direkt verarbeitet, sondern zieht aus einer unbestimmten Zahl von Elementen eine → Stichprobe und schließt von der Beschaffenheit dieser Stichproben auf die Beschaffenheit der zugrundeliegenden, doch unbekannten Gesamtmenge, der sogenannten Grundgesamtheit, zurück. Beispiel: Man kann nicht alle Bürger gleichzeitig befragen, wie sie über eine bestimmte Frage denken. Also befragt man nur etwa 2000 Personen und setzt nun voraus, daß dies eine Stichprobe ist, die für die Gesamtheit „repräsentativ" sein soll. Oder: Neben der Volkszählung, die eine Vollstatistik ist, steht der sogenannte Mikrozensus, der bei einer Stichprobe der Einwohner, etwa im Verhältnis 1:100, gezogen wird. Ebenso in der Naturwissenschaft: Man kann nicht alle Tiere einer bestimmten Art erfassen, um die Verteilung bestimmter Eigenschaften festzustellen. Man zieht also eine Stichprobe, etwa von Schwänen, und schließt vom Anteil der weißen Schwäne in dieser Stichprobe auf den Anteil der weißen Schwäne an der Gesamtheit aller Schwäne der Welt.

Stichprobe

Wenn man aus einer Gesamtheit von Gegenständen, die hinsichtlich einer Eigenschaft (→ Eigenschaft; → Prädikator) alle gleich sind, hinsichtlich einer zweiten sich jedoch unterscheiden (zum Beispiel weiße und schwarze Kugeln), mehrere Stichproben zieht, also eine Zufallsauswahl (→ Statistik; → Methoden, empirische) aus ihnen vornimmt, fallen diese Stichproben unterschiedlich aus. Sie werden jedoch sich im Sinne einer „Gaußkurve" dem wahren Wert der Verteilung in der Grundgesamtheit annähern, so daß der wahre Wert am häufigsten vorkommt und die abweichenden Werte mit wachsender Abweichung immer seltener werden.

Diesen Sachverhalt kehren wir nun um: Wenn wir eine Stichprobe aus einer unbekannten Grundgesamtheit ziehen, dürfen wir, da die Stichproben ja desto häufiger sind, je näher

sie am wahren Wert liegen, annehmen, daß eine gezogene Stichprobe mit einer gewissen Wahrscheinlichkeit in einem gewissen Bereich um den wahren Wert liegt. Und wenn wir mehrere Stichproben ziehen, wird der am häufigsten vorkommende
Wert ebenfalls nahe beim wirklichen Wert liegen. Es ist also
ein Umkehrschluß: Mit derselben Wahrscheinlichkeit, wie der
wahre Wert von den Stichproben am häufigsten erreicht wird, repräsentiert auch umgekehrt der am häufigsten vorkommende
Stichprobenwert den – unbekannten – wahren Wert.

Mathematisch läßt sich zeigen, daß ein bestimmter Prozentsatz aller Fälle mit einer Wahrscheinlichkeit von, sagen wir, 95
oder 98 Prozent innerhalb eines bestimmten Bereiches liegt.

Diesen Prozentsatz bezeichnen wir als das „Signifikanz"-
Niveau. „Signifikant" heißt wörtlich: ‚ein Zeichen gebend', das
heißt: einen Anhaltspunkt für den wahren Wert bietend.

Struktur
(lat. structura ‚das Bauen, Bauart, Bau, Bauwerk, Zusammenfügung, Ordnung', zu struere, schichten, übereinanderlegen, bauen')

Die Begriffe Struktur und → System sind schwer voneinander zu unterscheiden: beide bedeuten sie ein geordnetes Gebilde, ein Gefüge einzelner Teile, die in irgendeiner Weise aufeinander bezogen sind und zusammenwirken. So kann man zum
Beispiel vom menschlichen Körper sowohl sagen, daß er ein
System sei, wie auch daß er eine Struktur „sei" oder „habe".
Beide Begriffe unterscheiden sich in folgenden Punkten:

– Die Gemeinsamkeit von System und Struktur bezieht sich
lediglich auf das „gegenständliche" → System im Sinne unserer
Unterscheidung (→ System), weil nur hierin die Vorstellung
einer tatsächlichen Wechselwirkung von Teilen, Gliedern oder
Elementen gegeben ist.

– Man hat gesagt, System und Struktur verhielten sich zueinander wie „Bauplan" und „Bauart". Demnach wäre das System gleichsam eine „potentielle" Struktur und die Struktur ein
„aktuelles" System.

Anwendungen des Strukturbegriffes finden wir im wesentlichen auf drei Gebieten:

– in den Naturwissenschaften, wo zum Beispiel Moleküle oder Organismen (pflanzliche, tierische, menschliche) eine Struktur haben können;

– in den Geisteswissenschaften, im Sinne Wilhelm Diltheys: danach weisen auch geistig-geschichtliche Gebilde jeglicher Art (Staaten, Gesellschaften, Kunstwerke, psychische Vorgänge u. ä.) eine Struktur auf;

– in der → Mathematik, die heute weitgehend als die Wissenschaft von Strukturen, das heißt von irgendwie gegliederten Mengen (Ringen, Körpern und so fort), verstanden wird.

Subjekt
(lat. subiectum ‚das Daruntergeworfene‘; gr. hypokeímenon ‚das Darunterliegende‘)

In erkenntnistheoretischem und hermeneutischem Sinne soviel wie das „Ich", die menschliche Person, die sich als das die → Objekte erkennende, erfahrende, erleidende Wesen versteht. Grundformel: cogito ergo sum – ich denke, also bin ich – ich kann mich selbst als *erkennendes* Wesen absetzen, unterscheiden von dem, *was* ich erkenne.

„Subjektiv" bedeutet demgemäß: ‚Ich bin weniger um die Erkenntnis der Gegenstände, der Objektive als solcher bemüht, sondern lasse in die Erkenntnis mein Ich einfließen, interpretiere alles aus meiner Perspektive oder gemäß meiner Augenblicksstimmung.‘

Zum Beispiel: Ich finde einen Menschen widerlich, nur weil er Mitglied der gegnerischen Partei ist.

In manchen Zusammenhängen werden „Objekt" und „Subjekt" sogar gleichbedeutend gebraucht, etwa in dem Satz: „In Diktaturen wird der Bürger als bloßes Objekt/Subjekt angesehen."

„Objekt" bedeutet hier: ‚mit dem etwas gemacht wird, ohne daß er sich wehren kann‘, und „Subjekt" bedeutet hier wörtlich: ‚die der Staatsherrschaft „unterworfene" menschliche Person.‘

Syllogismus
(gr. syllogismós von syllogízomai ‚sich zusammenrechnen, schließen, folgern, erkennen‘; dies wieder zu syllégō ‚zusammenlesen, sammeln‘)

Der Syllogismus ist der Schlußstein der Logik. Mengenlehre
(→ Menge), → Junktorenlogik und → Quantorenlogik werden
in ihm kombiniert.

1. Vom Standpunkt der Mengenlehre aus ist ein Syllogismus
eine Relation zwischen den Mengen A, B und C (Einschluß,
Ausschluß, Durchschnitt, Vereinigung und so fort).

2. Vom Standpunkt der Junktorenlehre aus ist ein Syllogismus eine Verknüpfung von drei Sätzen mit den Junktoren
„und" und „immer wenn": *Immer wenn* A *und* B, dann C."

3. Vom Standpunkt der Quantorenlehre aus ist ein Syllogismus eine Verknüpfung zwischen drei Aussagen, die in jeder
denkbaren Kombination – mit den vier Quantoren „alle",
„kein", „mindestens ein" und „nicht alle" gebildet sind.

Ein Beispiel:
>   Wenn alle Doggen Hunde sind
>   und alle Hunde Säugetiere sind,
>   dann sind alle Doggen Säugetiere.

1. Mengenrelation: Dreimal der Einschluß
2. Eine Konjunktion zweiter Sätze als Vordersatz, ein einfacher Satz als Hintersatz eines Bedingungssatzes (→ Bedingung)
3. Quantoren: dreimal „alle"

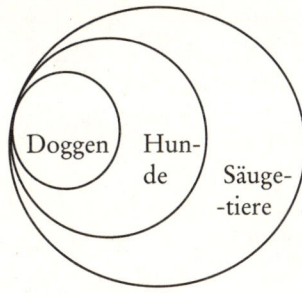

symmetrisch
(zu gr. sýmmetros ‚abgemessen, passend')
Die Symmetrie ist eine Eigenschaft einer → Relation. So wie
der Spiegel einen Raum in zwei spiegelbildlich gleiche Hälften

teilt, kann eine Beziehung von A zu B auch von B zu A bestehen, zum Beispiel: A ist der Bruder von B (und B von A), A ist Nachbar von B (und B von A).

Eine Relation ist asymmetrisch, wenn die Vertauschung von A und B nicht möglich ist: „größer als", „Vater von", „nördlich von".

Eine Relation, die sowohl symmetrisch wie auch asymmetrisch sein kann, heißt teilsymmetrisch. Beispiel: A liebt B. Diese Liebe kann von B erwidert werden oder auch nicht. Ähnlich: „A lernt von B", „A hilft B".

System
(gr. sýstēma ‚das Zusammengestellte')

I. Schon in der Antike hatte das Wort eine doppelte Bedeutung. „Zusammenordnen" kann man nämlich einerseits Gegenstände oder die Wirklichkeit, andererseits aber auch Aussagen oder „die Erkenntnis der Wirklichkeit". Ein System konnte daher einerseits etwas in der Welt Vorzufindendes sein, wie ein Tonsystem oder der Staat, andererseits aber auch die Zusammenordnung von Begriffen, Sätzen oder menschlichem Wissen sein.

Ein Beispielpaar wäre „Planetensystem" und „Tiersystem".

Beim Planetensystem steckt das „System" in den Gegenständen selbst: in der Mitte die Sonne, umkreist von Planeten.

Ganz anders im Falle des „Tiersystems": Hier ist nicht das tatsächliche Zusammenleben von Tieren in der Gegenstandswelt (etwa im Sinne des „Ökosystems", auf die die erste Bedeutung von „System" zutrifft), sondern eine Ordnung der Tiere nach ihren Merkmalen gemeint, ohne Rücksicht darauf, ob sie in der Wirklichkeit zusammenleben oder nicht. Die „Katzen" etwa werden nach ihrer Ähnlichkeit zu einer Tierfamilie zusammengefaßt; sie leben jedoch in völlig verschiedenen Welten (etwa Hauskatze, Luchs und Löwe).

Diese beiden Arten von Systemen können wir auch als „gegenständliches System" (Beispiel: Planetensystem) und als „gedankliches System" (Beispiel: Tiersystem) bezeichnen.

In Anlehnung an Hans Paul Bahrdt könnte man das gegenständliche System (Fall: „Planetensystem") als *Ganzheits*-System und als gedankliche System (Fall: „Tiersystem") auch als *Oberbegriffs*-System bezeichnen. Wir kommen dann zu interessanten Gegenüberstellungen, indem wir vom gleichen Elementbegriff ausgehen: Der Ganzheitsbegriff zu „Stuhl" ist „Zimmer", der Oberbegriff ist „Möbel". Der Ganzheitsbegriff zu „Tiger" ist „Dschungel", der Oberbegriff ist „Katze". Eine Schraube im Motor ist Teil eines gegenständlichen oder Ganzheitssystems, eine Schraube im Ersatzteileregal ist hingegen Element eines gedanklichen oder Klassifikationssystems von nach Merkmalen geordneten Schrauben verschiedener Beschaffenheit und Größe.

II. Innerhalb des Bereiches der gegenständlichen Systeme müssen wir noch eine weitere Einteilung vornehmen: Ein gegenständliches System kann entweder ein natürliches Gebilde sein – wie der ganze Kosmos, das Planetensystem – oder es kann ein vom Menschen gebildetes geschaffenes Gebilde sein, wie Staatenbündnisse, Einzelstaaten, ein bestimmtes musikalisches Tonsystem, später dann auch ein Regierungssystem, Steuersystem, Bildungssystem.

So ergibt sich folgende Übersicht:

1. Gegenständliche Systeme
   a. Natürliche Systeme (etwa: Planetensystem)
   b. Vom Menschen geschaffene Systeme (etwa: Regierungssystem)
2. Gedankliche Systeme (etwa: Tiersystem)

Systematik (Klassifikation) der Sachgebiete und Wissenschaften

Was man unter einer „Systematik" versteht, wissen wir alle aus der Schule: die jedem vertraute Einteilung in „Schulfächer" ist der Versuch, die Gesamtheit des in der Schule zu Lehrenden zu ordnen, zu klassifizieren.

Eine Systematik begegnet uns ferner in einer Bibliothek. In den meisten Bibliotheken sind die Bücher nach „Sachgebieten" geordnet, und zwar um so feiner unterteilt, je größer der Bestand an Büchern ist.

Die Systematik der großen wissenschaftlichen Bibliotheken lehnte sich ursprünglich eng an die zur Entstehungszeit der Bibliothek jeweils gültigen philosophische Systematik an.

Im neunzehnten Jahrhundert trennten sich die Wege von philosophisch-wissenschaftlicher und bibliothekarischer Systematik. Die schnell sich entwickelnde Wissenschaft hatte weder Zeit noch Interesse für die Erarbeitung einer Gesamtsystematik – während andererseits die Bibliotheken mehr denn je darauf angewiesen waren, die wachsenden und sich systematisch immer mehr zersplitternden Buchbestände zu ordnen.

Das letzte Jahrhundert wurde daher zur großen Zeit der bibliothekarischen Klassifikationssysteme.

Die beiden wichtigsten Klassifikationssysteme sind die Dezimalklassifikation und die Buchstabenklassifikation.

Bei der Dezimalklassifikation wird das gesamte Wissen zunächst in zehn Großgruppen und dann – nach dem Prinzip der Zahlen hinter dem Komma – in immer kleinere Einheiten zerlegt.

Beispiel:

5	Mathematik und Naturwissenschaften
53	Physik
531	Allgemeine Mechanik
531.7	Messung; Meßtechnik

Die Buchstabenklassifikation paßt sich etwas elastischer der Einteilung des Wissenskosmos an, weil sie (statt nur zehn), der größeren Zahl der Buchstaben entsprechend rund 25 Großgruppen kennt. Die Unterabteilungen werden zunächst durch Buchstabengruppen gebildet, die leichter einzuprägen sind als abstrakte Ziffernfolgen. Erst für die Feineinteilung werden dann ebenfalls Zahlen verwendet.

Beispiel:

G	Gesellschaft, Staat, Politik
U	Naturwissenschaften
Uh	Zoologie
Uhn	Spezielle Zoologie

Uhn 2   Wirbeltiere
Uhn 24   Säugetiere

Systemtheorie

Die moderne Systemtheorie entstand in verschiedenen Ausprägungen etwa Mitte des 20. Jahrhunderts.

Einerseits beruht die Systemtheorie auf der nie ganz unter-
gegangenen Theorie des „gegenständlichen" Systembegriffes
(→ Systematik), wie er durch Beispiele wie etwa „Planetensystem" (→ System) gekennzeichnet ist.

Andererseits ist die Systemtheorie weitgehend aus der Entwicklung der naturwissenschaftlichen, psychologischen und
auch sozialwissenschaftlichen Forschung seit etwa Ende des
vorigen Jahrhunderts entstanden.

Gewisse Beziehungen bestehen allerdings auch zu Begriffen
wie → Ganzheit und Gestalt. Als das „Motto" des Systembegriffes kann man daher das Wort „Das Ganze ist mehr als die
Summe seiner Teile" bezeichnen.

Ein System ist hiernach ein Ganzes, das aus dem Zusammenwirken mehrerer Teile entstanden ist und das mehr bedeutet als die bloße Anhäufung dieser Teile.

Beispiel: Ein Haus ist mehr als ein Haufen von Backsteinen,
sondern vielmehr ein Gebilde, zu dem die Backsteine in besonderer Weise zu einer „Gestalt", einer Ganzheit zusammen-
gefügt sind.

Im wesentlichen sind drei Strömungen zur Systemtheorie
allmählich zusammengeflossen:

1. Die Allgemeine Systemtheorie, die von dem österreichi-
schen, erst 1945 nach Amerika gegangenen Biologen Ludwig
von Bertalanffy begründet wurde.

2. Die – auch aus anderen Zusammenhängen inzwischen
weit bekannte → Kybernetik, die auf den amerikanischen
Mathematiker Norbert Wiener zurückgeführt wird.

3. Die sogenannte „strukturell-funktionale" soziologische
Theorie, die der amerikanische, aber mit der deutschen Philosophie und Soziologie gut vertraute Soziologe Talcott Parsons
entwickelte.

Teleologie

(zu gr. télos ‚Ende, Grenze, Ziel, Vollendung‘; gleichbedeutend lat. fịnis, daher finạl ‚sich auf den Zweck beziehend‘, Finalität ‚[Mittel/] Zweck-Zusammenhang‘; als Gegenterminus zu Kausalität ‚Ursache [/Wirkungs]-Zusammenhang‘; das deutsche Wort „Zweck" bedeutet ursprünglich ‚der Nagel in der Schießscheibe‘ [vgl. „Reißzwecke"!], also ebenfalls ‚Ziel‘)

Teleologie ist die Vorstellung, daß es (nicht nur beim Menschen auf seelisch-geistiger Ebene, wo es als bewußtes Streben selbstverständlich ist, sondern auch) in der organischen Natur nicht nur eine → Kausalität, also die Abfolge von Ursache und Wirkung, gebe, sondern ebenso eine Zwecksetzung (→ Finalität), bei der also von der gewünschten Wirkung (= Zweck) auf eine zu diesem führende Ursache (=Mittel) zurückgeschaltet wird. Beispiele hierfür lassen sich unschwer finden: Das Hungergefühl dient der Selbsterhaltung des individuellen Organismus durch Nahrungszufuhr. Noch deutlicher der Geschlechtstrieb: Wäre der Geschlechtsakt nicht mit höchsten Lustgefühlen ausgestattet, wären die Lebewesen kaum daran interessiert, sich fortzupflanzen. Die Fortpflanzung (Wirkung als Zweck) wird zwar, jedenfalls von den Menschen, nicht immer ausdrücklich gewollt, aber sie ist die von der Natur vorgesehene normale Folge eines Tuns (Ursache als Mittel), das seinerseits als solches von den Lebewesen gewollt wird.

Terminus

(lat. tẹrminus ‚Grenze, Ende‘, also ‚in seiner Bedeutung genau abgegrenztes Wort‘; → Definition zu gleichbed. fịnis)

Der Terminus ist ein „normierter", das heißt ausdrücklich eingeführter Prädikator.

Die Wörter, die wir in der Wissenschaft benutzen, müssen wir „normieren", das heißt, in ihrem Gebrauch genau festlegen. Diese Normierung geschieht dadurch, daß wir einen Prädikator ausdrücklich (explizit) einführen.

Diese ausdrückliche Einführung muß nicht durch eine → Definition erfolgen. Vielmehr kann und muß eine ausdrückliche Einführung von Prädikatoren *auch* in der Wissenschaft zunächst durch *Beispiele* (exemplarisch) erfolgen.

Ausdrückliche (explizite) und beispielsweise (exemplarische) Einführung von Prädikatoren schließen einander also keineswegs aus.

Als Beispiele für eine solche explizite und dennoch exemplarische Einführung von wissenschaftlichen Prädikatoren oder Termini können viele sprachlogische Artikel unseres Wörterbuches dienen, etwa → Indikator, → Junktor, → Kennzeichnung, → Quantor und viele andere.

Ein System von Termini, in dem die Beziehungen der Termini untereinander geregelt sind, nennen wir auch Terminologie. Hier stellt sich das Problem des Anfanges der Wissenschaft: Wir können zwar eine „Terminologie" durch dauernd fortschreitende Definitionen aufbauen, müssen aber mit einigen undefinierten Grundtermini anfangen.

Hier ist also nur eine Einführung durch Beispiele (exemplarisch) möglich, so wie wir es gezeigt haben.

tertium non datur
(lat.: „Etwas Drittes gibt es nicht")

Tertium non datur ist die These, daß es in der → Negation nur entweder A oder nicht A, das Zu- oder das Nichtzu-(=Ab)sprechen eines Prädikators, entweder Bäume oder Nichtbäume, gibt.

Auf den meisten Gebieten gilt das tertium non datur ohne jeden Zweifel. Auf dem Gebiet der Mathematik jedoch nicht.

Denn: Die Reihe der natürlichen Zahlen bricht niemals ab. Auf jede beliebig hohe Zahl kann ich stets eine höhere folgen lassen. Hieraus ergibt sich, daß Aussagen über Zahlen nicht immer sicher sind, das heißt: Ich kann nicht immer entscheiden, ob ein Sachverhalt besteht oder ob er nicht besteht.

Zwei Beispiele:

Bis heute kennen wir keine gerade Zahl größer als zwei, die sich nicht (auf mindestens eine Weise) als Summe zweier Primzahlen darstellen ließe. Trotzdem ist es nicht sicher, daß dies für *alle* geraden Zahlen gilt; denn es gibt kein Beweisver-

fahren, durch das dies allgemeingültig (→ Deduktion) festgestellt werden könnte.

Unter einer „vollkommenen Zahl" verstehen wir eine Zahl,
die gleich der Summe ihrer echten Teiler (das heißt: einschließ-
lich 1, aber ausschließlich ihrer selbst) ist. Beispiele:

$6 = 3 + 2 + 1$ oder $28 = 14 + 7 + 4 + 2 + 1$

Bisher kennt man nur *gerade* vollkommene Zahlen. Aber
man weiß, daß man trotzdem die Existenz ungerader vollkommener Zahlen nicht ausschließen darf.

Theorie (allgemein)
(gr. theōría ‚Anschauen, Betrachten'; ‚Erkenntnis')

Die Grundbedeutung von „Theorie" ist einerseits das Anschauen von etwas Gegebenem im Gegensatz zu dem die
Sachverhalte ändernden Handeln (Praxis) und andererseits die
durch Denken gewonnene Erkenntnis im Gegensatz zu dem
durch Erfahrung gewonnenen Wissen.

Man kann drei Begriffe von „Theorie" unterscheiden. Im
Sinne zunehmender Bedeutungsenge sind dies:

1. Theorie allgemein im Gegensatz zur „Praxis", zum Handeln, zur Tat. Beispiele: „Theorie" als Unterricht im Verlauf
der Führerscheinausbildung oder einer Sportausbildung im
Gegensatz zur „Praxis" der Fahrstunden oder Sportausübun-
gen; „Musiktheorie" als übliche Bezeichnung der musikalischen Handwerkslehre, wie Harmonielehre, Kontrapunkt,
Formenlehre. In diesen Fällen muß man aus wissenschaftlicher
Sicht wohl eher von praxisbezogenen Anleitungen sprechen;
das Wort „Theorie" erscheint entschieden zu hoch gegriffen.

2. Theorie als wissenschaftliches Lehrgebäude, ohne Rücksicht auf die Methode(n), mit denen es gewonnen wurde, oder
auf seinen Gegenstand. Beispiele: „Theorie der Bildung" (in
der Erziehungswissenschaft), „Kritische Theorie" (= „Frank-
furter" Sozialphilosophie).

3. Theorie im Sinne des logischen Empirismus (→ Theorie
[logisch-empirisch]): ein gesichertes Wissen, das aus dem Zusammenwirken von Erfahrung und Denken – und zwar nach
ganz bestimmten, in der Methodologie der induktiven Wissen-

schaften beschriebenen Methoden – entsteht. Beispiel: die Gravitationstheorie von Newton.

In diesem dritten Sinne ist die Theorie die vierte, abschließende Stufe eines Erkenntnisweges, der aus Beobachtung, (Gesetzes-)Hypothese, Gesetz und Theorie besteht.

Beispiel: Ich beobachte die Position eines Sternes mehrere Tage hintereinander. Daraufhin vermute ich, daß dieser Stern ein Planet ist, der sich in bestimmter Weise um die Sonne bewegt. Dies ist eine Gesetzeshypothese, die als Keplersches Gesetz bestätigt wurde. Die Keplerschen Gesetze wurden zur Gravitationstheorie zusammengefaßt und verallgemeinert.

Theorie (logisch-empirisch)

→ Hypothese und → Gesetz sind inhaltlich gleichzusetzen; sie unterscheiden sich nur darin, daß die Hypothese noch nicht bestätigt, das Gesetz aber bestätigt ist.

Was ist nun eine Theorie?

Wie zwischen den Begriffen „(Gesetzes-)Hypothese" und „Gesetz", so besteht auch zwischen den Begriffen „Gesetz" und „Theorie" eine große Ähnlichkeit. Nur bezieht sie sich auf ein anderes Merkmal. Die Theorie hat mit dem Gesetz nämlich das Merkmal gemeinsam, daß wir nur *bestätigte* Aussagen eine „Theorie" nennen können. Eine Theorie ist grundsätzlich also nichts anderes als ein Gesetz, das heißt, eine durch Beobachtungen bestätigte allgemeine Aussage. Sehr oft werden die Termini „Gesetz" und „Theorie" daher auch durcheinander gebraucht.

Im Zusammenhang mit den Entdeckungen von Kepler über die Gesetzmäßigkeiten im Sonnensystem wurde ein Aussagensystem entwickelt, das uns als das Gravitationsgesetz oder die Gravitationstheorie bekannt ist. Diese Gravitationstheorie besagt in einfacher Fassung: „Alle Körper mit einer ‚Masse' ziehen einander in bestimmter Weise an."

Aus dieser allgemeinen Gravitationstheorie ableitbare Sonderfälle sind einerseits die Schwerkraft, wie wir sie auf der Erde kennen, und andererseits die Anziehungs- und Bewegungsverhältnisse im Sonnensystem, wie die Keplerschen Gesetze sie darstellen. Die Gravitationstheorie gilt also für alle Körper, und somit auch für alle Himmelskörper. Wenn sie aber für alle Himmelskörper gilt, dann gilt sie nicht nur für das uns genauer bekannte Sonnensystem, sondern für alle denkbaren Sternsysteme überhaupt.

Man kann das Verhältnis zwischen einem „Gesetz" und einer „Theorie" also auf zweierlei Weise beschreiben.

a. Eine Theorie ist die Zusammenfassung mehrerer Gesetze zu einem „Obergesetz". So könnte man zum Beispiel sagen, daß die beiden ersten Keplerschen Gesetze in der Gravitationstheorie zusammengefaßt sind, weil sie beide je für sich nur einen Teilaspekt der Gravitationstheorie erfassen (1. Bahnellipse; 2. Zusammenhang zwischen Sonnnenabstand und Geschwindigkeit, als Ausgleich von Anziehungs- und Fliehkraft!).

b. Aus unserem Beispiel könnte man auch einen anderen Unterschied zwischen Gesetz und Theorie herauslesen. Die Keplerschen Gesetze beziehen sich nämlich zunächst nur auf die Verhältnisse im Sonnensystem, während die Gravitationstheorie sich allgemein auf alle Körper bezieht.

Man könnte daher versucht sein zu meinen, eine Theorie unterscheide sich von einem Gesetz auch dadurch, daß sie *allgemeiner* ist. Mit solchen Feststellungen müssen wir freilich zunächst etwas vorsichtig sein, weil es sich hier um Gegebenheiten handelt, die zu sehr von den zufälligen besonderen Verhältnissen des gewählten Beispiels abhängen.

transitiv
(zu lat. transįre ‚hinübergehen, durchgehen')

Die Transitivität ist eine Eigenschaft einer → Relation. Sie bezieht sich auf drei (oder mehr) Gegenstände.

Wenn ein Elefant größer ist als eine Katze und eine Katze größer ist als eine Maus, dann ist auch ein Elefant größer als eine Maus. Das Entsprechende gilt für die Älter-Beziehung von Andreas zu Bernhard, von Bernhard zu Christoph und damit von Andreas zu Christoph.

„Größer als" und „älter als" sind also transitiv, daß heißt, wenn A R B und B R C, dann auch A R C (A B C: Gegenstände, R Relation).

Intransitiv ist eine Beziehung, wenn aus A R B und B R C *nicht* A R C folgt. Zum Beispiel „Mutter sein": Anna ist Mutter von Berta, und Berta ist Mutter von Christa. Dann ist Anna nicht ebenfalls die Mutter, sondern vielmehr die Großmutter von Christa. (Durch die Bildung eines Oberbegriffes für die Relation können wir aber auch hier Transitivität herstellen, indem wir einfach sagen: „ist Vorfahrin von".)

Teiltransitiv ist eine Beziehung, wenn sie sowohl transitiv als auch intransitiv sein kann. Beispiel: Wenn Andreas mit Bernhard und Bernhard mit Christoph befreundet ist, dann kann Andreas mit Christoph befreundet sein oder auch nicht.

Universalien
(lat. universalia [Plural Neutrum von universalis] ‚zum Ganzen, zur Gesamtheit gehörig', zu lat. universus, aus unus und versus, ‚in eins gekehrt, ganz, gesamt, allgemein'; gr. katà hólou, kath'hólou, kathólou ‚hinsichtlich des Ganzen, im allgemeinen, überhaupt' hieraus katholikós ‚das Ganze betreffend, allgemein')

Die Universalien sind die Allgemeinbegriffe. Die Allgemeinbegriffe können wir uns vorstellen: als Ergebnis einer Abstraktion, als Oberbegriffsbildung und als Bildung eines Ganzen aus Teilen (→ allgemein/besonder).

Nach heutiger Auffassung sind die Allgemeinbegriffe also etwas, das nachträglich durch logische Operationen aus den Einzelbegriffen entwickelt wird.

Im „Universalienstreit" des Mittelalters wurden zwei mögliche Definitionen der Universalien diskutiert: Die Allgemeinbegriffe gehen den Einzelbegriffen voraus (→ Realismus) – oder sie kommen nach ihnen (Nominalismus).

Realismus bedeutet hierbei: Die Allgemeinbegriffe sind das eigentlich „Reale": Gott als „ens realissimum". – Nominalismus bedeutet: Die Allgemeinbegriffe sind bloße „Namen"; sie werden aus den Einzelbegriffen durch logische Operationen erst konstruiert. Es liegt auf der Hand, daß die heutige und uns auch im Alltag selbstverständliche Auffassung, die wir „Realismus" nennen, dem „Nominalismus" entspricht, während das, was wir → Idealismus nennen, damals eben „Realismus" hieß. Denn unter „Realismus" verstehen wir ja den Vorrang des „Handfesten", weil die „res" (Singular und Plural lauten gleich: res ‚die Sache' und ‚die Sachen') für uns gerade nicht mehr die Allgemeinbegriffe, sondern umgekehrt die Einzeldinge sind.

Diese Doppeldeutigkeit des Begriffs „res" durchzieht die ganze Diskussion: Wenn der Realismus durch das Schlagwort „ante res" (vor den Sachen) und der Nominalismus durch das Schlagwort „post res" (nach den Sachen) bezeichnet wird, so ist ersichtlich, daß hier „res" gerade im modernen Sinne, als Einzelsache verstanden wird. Es wäre ein Widerspruch in sich, wenn der Realismus, der doch gerade die Priorität der „res" vertritt, durch die Wendung „*ante* res" als eine Auffassung gekennzeichnet wird, gemäß der noch vor der res etwas anderes kommt.

Voraussage

Aus Beobachtungen erschließen wir zunächst Hypothesen, zum Beispiel über die den scheinbaren Planetenbewegungen zugrundeliegenden Gesetze.

Danach können wir gewissermaßen dem Ablauf die richtige Richtung geben und die erschlossene Beschaffenheit des Sonnensystems als „Voraussetzung" für die tatsächlichen Einzelbewegungen der Planeten annehmen. Das heißt: nachdem wir die erklärende Hypothese einmal gefunden haben, leiten wir aus ihr alle Planetenbewegungen ab – auch solche, die wir gar nicht beobachtet haben. Wenn unsere Hypothese also stimmt, dann müssen wir sowohl nachträglich sagen können, wo Jupiter am 1. März des Jahres 10 000 vor Christi Geburt gestanden haben muß, als auch voraussagen können, wo Jupiter am 1. März 1999 stehen wird.

Für die Praxis der induktiven Forschung sind die aus den Hypothesen abgeleiteten Voraussagen natürlich deshalb von besonderer Wichtigkeit, weil wir es selbst in der Hand haben, vorausgesagte, also in der Zukunft liegende Vorfälle durch Beobachtung zu kontrollieren, während wir für die Vergangenheit auf zufällige Augenzeugenberichte angewiesen wären.

Die Voraussage in den induktiv-empirischen Wissenschaften hat zunächst nur heuristische Bedeutung. Das heißt: Wir machen keine Voraussagen, um Voraussagen zu machen, sondern um (Gesetzes-)Hypothesen auf ihre Richtigkeit zu prüfen. Wir wollen nur feststellen, ob die aufgrund der vermuteten Gesetzmäßigkeit abgeleiteten Vorgänge wirklich eintreffen oder nicht.

Die zeitliche Spanne für eine solche „Voraussage" braucht nur wenige Minuten zu betragen, oder gar nur Sekunden. So etwa im Falle einer chemischen Reaktion, wenn wir nur ein Reagenzglas zu nehmen brauchen, um unsere Voraussage zu prüfen. Der Zusammenhang der „Voraussage" (im Sinne der induktiven Methode) mit der Zukunft ist bei näherem Betrachten ein sehr äußerlicher und zufälliger. Denn wie wir sahen, kann man auch über vergangene Sachverhalte, die bereits bestehen, aber uns noch nicht bekannt sind (etwa über Sternenstände zu einem vergangenen Zeitpunkt) Voraussagen machen.

„Voraussage" bedeutet in diesem Fall also nur: Ich „sage voraus", daß ich aufgrund meiner Beobachtungen und Berechnungen in der Gegenwart zu einem bestimmten Ergebnis hinsichtlich einer totalen Sonnenfinsternis im Jahre X vor Christi Geburt kommen kann.

Innerhalb des induktiven Forschungsprozesses machen wir also Voraussagen nur, um (Gesetzes-)Hypothesen auf ihre Richtigkeit zu prüfen. Betrachten wir aber nun die Zukunft als den eigentlichen Gegenstand einer „Voraus"sage.

Zunächst zeigt sich: Astronomische Voraussagen sind (abgesehen davon, daß sie sich *auch* auf die Vergangenheit anwenden lassen) wirkliche Voraussagen. Denn sie sagen zukünftige Ereignisse voraus, die unbedingt eintreten werden, daß heißt, durch den Menschen nicht verhinderbar sind – es sei denn, er bringt es fertig, die ganze Erde in die Luft zu jagen, weil es dann ja das Phänomen des Vollmondes, der Sonnenfinsternis, der Jupiter-Opposition nicht mehr geben kann, da diese Ereignisse die Perspektive von der Erde her voraussetzen.

Im Bereich der Sozialwissenschaften dagegen kann es eine reine Voraussage in diesem Sinne nicht geben. Denn wenn wir hier ein unerfreuliches Ereignis „voraussagen", dann wollen wir dieses Ereignis ja nicht einfach hinnehmen, sondern nach Möglichkeit verhindern oder in seinen Folgen mindern.

Voraussagen wie „Im Jahre 2000 werden alle Straßen in Deutschland hoffnungslos mit Autos verstopft sein" will man ja gar nicht verwirklicht sehen, sondern man wird vorher Abhilfe schaffen wollen, daß dieses Ereignis erst gar nicht eintritt.

Auch eine Voraussage wie „Nächste Woche wird an diesem oder jenem Ort ein Hurrikan auftreten und so und so viele Menschen töten" wird in dieser Form nicht eintreffen können, da die Menschen dann ja rechtzeitig evakuiert werden oder Schutzräume aufsuchen können.

Mit anderen Worten: Die Voraussage „zerstört sich selbst", weil das Vorausgesagte gerade verhindert oder abgemildert wird. Damit ist aber die strenge Definition der Voraussage – das Im-voraus-Wissen eines Sachverhaltes, der genau so eintritt – nicht mehr erfüllt.

Eine Voraussage, die ihren Namen wirklich verdient, müßte künftige Ereignisse so genau beschreiben können, wie man sich an vergangene Ereignisse tatsächlich erinnert. Sie würde also beispielsweise einen künftigen Flugzeugabsturz genau so beschreiben, wie man vergangene Flugzeugabstürze erzählen kann.

Dies ist aber praktisch unmöglich, denn der Mensch ist ja kein Kaninchen, das unbeweglich auf die Schlange starrt, die es verschlingen will, sondern er wird Gegenmaßnahmen treffen: das Flugzeug nicht starten lassen oder zumindest sich selbst nicht in das Flugzeug setzen, wenn ihm sein Absturz vorausgesagt wird.

Ein Ereignis vorauszusehen, ohne Einfluß auf seinen Ablauf zu nehmen, ist also nicht möglich. Wenn wir etwas voraussehen, dann sind wir bemüht, es abzuändern, und „ungestört" läuft es nur in dem Falle ab, daß wir es eben nicht vorausgesehen haben. „Vorsehung (Voraussicht) ohne Vorbestimmung ist nicht nur sinnlos, sondern eine untragbare Last", formuliert es der Philosoph Nicolai Hartmann.

Voraussage ohne Vorbestimmung ist allerdings doch nicht ganz unmöglich. Zwei Fälle sind denkbar: a. Ein Gefesselter oder Gelähmter sieht alles voraus, was mit ihm geschehen wird, aber er ist physisch außerstande, es zu ändern. b. Der Inhalt der Voraussage ist erfreulich, und daher *will* man ihn gar nicht ändern.

wahr/falsch
(gr. alēthḗs/pseūdos; lat. vẹrus/fạlsus)

In der Logik ist wahr/falsch in der Regel gleichzusetzen mit den Begriffspaaren ja/nein oder zutreffend/nicht zutreffend.

Für die → Negation gilt hierbei das→ tertium non datur: das heißt: eine verneinte Negation (nicht: nicht A) ist der einfachen Bejahung A gleichzusetzen und nicht etwa als eine neue, dritte Aussage zu betrachten.

Also:

Zweimal zwei ist vier	wahr	= zutreffend
Zweimal zwei ist fünf	falsch	= nicht zutreffend
Zweimal zwei ist nicht vier	falsch	= nicht zutreffend
Zweimal zwei ist nicht fünf	wahr	= zutreffend

Die Junktorenlogik verknüpft zwei Aussagen und prüft dann den „Wahrheitswert" der Verknüpfung, fragt also, ob die Verknüpfung „wahr" oder „falsch" ist.

Zum Beispiel bei „und":

Zweimal zwei ist vier, und der Himmel ist blau	wahr
Zweimal zwei ist vier, und der Himmel ist grün	falsch
Zweimal zwei ist fünf, und der Himmel ist blau	falsch
Zweimal zwei ist fünf, und der Himmel ist grün	falsch

Bei „immer, wenn":

Immer,

wenn zweimal zwei vier ist, ist der Himmel blau	wahr
wenn zweimal zwei vier ist, ist der Himmel grün	falsch
wenn zweimal zwei fünf ist, ist der Himmel blau	wahr
wenn zweimal zwei fünf ist, ist der Himmel grün	wahr

Die Scholastiker hatten für „immer, wenn" die Formel: „ex falso quodlibet sequitur" (aus dem Falschen folgt Beliebiges). Diese Formel bezieht sich auf Zeile 3 und 4 mit dem falschen „fünf" im Vordersatz. Diese beiden Fälle sind aber logisch immer wahr, gleichgültig, ob rechts „blau" oder „grün" steht, weil beides mit „fünf" vereinbar wäre. „Falsus" könnte man hier auch durch „non" (nicht) ersetzen; gemeint ist einfach das Nichtstehen, das Nichtzutreffen von „vier".

Wahrheit

(gr. alḗtheia, zu lḗthē ‚das Vergessen', davon lanthánō ‚verborgen sein' [verwandt und gleichbedeutend lat. latēre], also eigentlich ‚die Nicht-Verborgene'; lat. vēritas von vērus ‚wahr' [auch verwandt])

Die übliche Definition des Begriffes „Wahrheit", von der Scholastik im Anschluß an Aristoteles geprägt, lautet „adaequatio rerum et intellectūs" – die Gleichheit der Sachen und des (sie erkennenden) Verstandes. Beispiel: Wenn wir sagen: „Der Himmel ist blau", und er „ist" auch wirklich blau, dann haben wir die Wahrheit gesagt (→ adaequatio).

Diese ursprünglich selbstverständliche und allgemeingültige Definition der Wahrheit wird heute „*Korrespondenztheorie* der Wahrheit" genannt, da ihr andere Theorien über die Wahrheit entgegengestellt worden sind. Bei näherer Betrachtung zeigt sich jedoch, daß diese anderen Wahrheitstheorien – mit einer Ausnahme – wenig überzeugen, da sie dem eigentlichen Problem ausweichen.

– Die *Kohärenztheorie* der Wahrheit besagt: Eine Aussage wird dadurch als wahr erwiesen, daß sie mit anderen Aussagen zusammen in ein System paßt. Man fragt sich, was dieses Zusammenpassen im konkreten Einzelfall beweisen soll. Wieso „paßt" „Der Himmel ist blau" besser als „Der Himmel ist violett"? Er *kann* ja bei bestimmter Wetterlage violett oder rot oder gelb aussehen. Von einem System der Wahrheiten ist dies völlig unabhängig.

– Die *Redundanztheorie* der Wahrheit besagt zunächst nur, daß in der Satzverbindung: „Es ist wahr, daß die Sonne scheint" der Teilsatz „Es ist wahr, daß ..." überflüssig ist; ebenso kann „Es ist falsch, daß die Sonne scheint" durch „Die Sonne scheint nicht" ersetzt werden.

In der Metasprache allerdings bleibt der besondere Satz wichtig: „Folgender Satz ist wahr: ‚Alle Kreter lügen.'"

– Die *performative* Wahrheitstheorie bezieht sich lediglich darauf, daß Sätze nicht nur Aussagen über Tatsachen sind, sondern auch andere Funktionen haben können, zum Beispiel „Sprechhandlungen" sein können. „Ich danke dir" ist keine Aussage über die Tatsache, daß ich jemandem dankbar bin, sondern Ausdruck dieses Dankes selbst.

– Die *pragmatische* Wahrheitstheorie leidet an einem ähnlichen Mangel wie die Kohärenztheorie, wenn sie die Folgen einer Aussage zum Kriterium ihrer Wahrheit machen will. Denn da nicht jede Aussage praktische Folgen hat, muß ihre Wahrheit auch unabhängig davon festgestellt werden können.

Grundsätzlich anders steht es mit einer letzten Wahrheitstheorie: – der *Konsenstheorie* der Wahrheit. Diese besagt nämlich: Eine Aussage ist wahr, wenn sie von allen Gutwilligen, Normalsinnigen und Sachkundigen als wahr erkannt wird. Auch dieser Wahrheitsbegriff klingt auf den ersten Blick befremdlich – und doch kommen wir ohne ihn nicht aus.

Gutwilligkeit und Normalsinnigkeit muß stillschweigend bei jedem Wahrheitsbeweis vorausgesetzt werden, ohne daß man dies ausdrücklich sagt. Auch ein mathematischer Beweis setzt ja voraus, daß ein Subjekt überhaupt bereit und in der Lage ist, ihn nachzuvollziehen. Trotzdem besteht hier im Bereich der exakten Methoden keinerlei Problem.

Ganz anders verhält es sich hingegen mit den Geisteswissenschaften. Wenn Hinz sagt: „Bach ist der bedeutendste Komponist der Barockzeit, möglicherweise sogar der Musikgeschichte überhaupt", dann kann der unmusikalische Kunz einwenden: „Das mußt du mir genauso schlüssig beweisen können wie daß die Winkelsumme im Dreieck 180 Grad beträgt. Wenn du das nicht kannst, ist diese Aussage entweder falsch oder überhaupt sinnlos." In diesem Fall hilft nur die Berufung darauf, daß jeder, der sich in das Sachgebiet „Musik" von Anfang an hörend, theoretisch und praktisch lernend und selbst musizierend einarbeitet, diese Aussage aus dem so erworbenen Zusammenhang seiner musikalischen und musiktheoretischen Sachkenntnis heraus bestätigen kann. (Das Gleiche gilt selbstverständlich für ein Urteil darüber, ob dieser

Fußballspieler, Rockmusiker, Sachbearbeiter, Lehrer „gut"
oder „schlecht" ist.)

Die Konsenstheorie ist also eine „hermeneutische" (→ Hermeneutik) Theorie; sie setzt einen Verständniszusammenhang
voraus, innerhalb dessen man *nur dem*jenigen, aber auch *jedem*
etwas „beweisen" kann, der selbst schon in diesem Zusammenhang steht.

Die *Ringsgwandl*sche Wahrheitstheorie. Vom Kabarettisten
Georg Ringsgwandl (kein Pseudonym!) stammt die Definition
„Guat g'logn is aa wahr" (adaequatio versuti mendacii et veri-
tatis).

Wahrscheinlichkeit
(zu wahrscheinlich, eigentlich Lehnübersetzung von lat. veri similis ‚dem
Wahren ähnlich'; in der Wissenschaftstheorie jedoch eher als Entsprechung
zu probabilis ‚erprobt, tauglich, glaublich, wahrscheinlich'; probabilitas
‚Wahrscheinlichkeit, Glaubhaftigkeit')

Die Wahrscheinlichkeit ist der Grad der Möglichkeit, daß
ein bestimmtes Ereignis eintritt.

Sie wird durch einen echten Bruch ausgedrückt, der das
Verhältnis der günstigen (das heißt: das fragliche Ereignis
verwirklichenden) Fälle zu den insgesamt möglichen Fällen
darstellt.

Einfachstes Beispiel: Die Wahrscheinlichkeit, eine Sechs zu
würfeln.

Mögliche Fälle: 6, entsprechend der Zahl der mit je einer
Anzahl von Augen zwischen 1 und 6 versehenen Würfelflä-
chen.

Günstige Fälle: 1, da eine dieser sechs Flächen sechs Augen
enthält:

$$\text{Wahrscheinlichkeit ist also} \quad \frac{\text{günstige Fälle}}{\text{mögliche Fälle}} \quad \frac{1}{6}$$

Experimentiert man nun mit einem Würfel, wird man feststellen, daß diese möglichen 6 Fälle nicht mit schöner Regelmäßigkeit abwechselnd eintreten, sondern daß zunächst einige
Fälle über-, andere unterrepräsentiert sind. Erst mit einer großen Zahl von Würfen – etwa mehreren hundert – wird sich ei-

ne immer gleichmäßigere Verteilung ergeben. Das nennt man „das Gesetz der großen Zahl". Zu kleine Anzahlen besagen überhaupt nichts.

Diese einseitige Verteilung bei niedrigen Anzahlen liegt, so paradox das zunächst klingen mag, gerade an der Gleichwahrscheinlichkeit aller Möglichkeiten bei einem korrekt angefertigten Würfel. Denn die einzelnen Würfe sind voneinander unabhängig. Es interessiert den Würfel also nicht, ob er schon achtmal hintereinander die Zwei gezeigt hat; es macht ihm nichts aus, sie auch zum neunten Mal zu zeigen. (Wenn hintereinander fünf Mädchen geboren werden, ist die Wahrscheinlichkeit, daß das sechste Kind ein Junge wird, keineswegs höher.)

Wie der Würfel gerade fällt, ist also „Zufall". „Zufall" bedeutet gerade *nicht* regelmäßige Verteilung möglicher Fälle, sondern im Gegenteil eine unregelmäßige, *nur in großen Anzahlen* annäherungsweise zutreffende Verteilung der Fälle. Hierfür gibt es neuerdings ein sehr sinnfälliges Beispiel:

Beim Fliesen von Badezimmerfußböden verwendet man seit einiger Zeit oft nicht mehr regelmäßige Ornamente, wie früher üblich, sondern es werden etwa zwischen weiße Kleinfliesen in unregelmäßiger Weise blaue eingestreut (aber so, daß diese gegenüber den weißen in der Minderzahl bleiben). Wieweit hier ein bewußtes Zufallsprinzip, etwa durch Gebrauch von Zufallszahlen, angewendet wird, ist mir unbekannt. Das Walten des Zufalls erkennt man jedenfalls daran, daß immer wieder zwei blaue Fliesen direkt nebeneinander zu liegen kommen, also gerade nicht auf regelmäßige Abfolgen geachtet wird – allerdings finden sich so gut wie nie *drei* blaue Fliesen nebeneinander, was schon darauf hindeutet, daß es keine reine Zufallsverteilung sein kann.

Welt

(ahd. wer-alt ‚Menschenalter' [daher noch heute das „r" in engl. world!]; wer ‚Mensch' wie in „Werwolf"; gr. kósmos ‚Einteilung, Ordnung, Schmuck' [ein Schmuckgegenstand ist gestaltet und insofern „geordnet"], ‚Weltordnung'; gleichbed. lat. mundus ‚Schmuck, Weltall, Weltordnung')

Das gr. und lat. Wort betonen also mehr die Weltordnung, das dte Wort mehr die Beziehung auf den Menschen.

Das Wort „Welt" enthält dementsprechend auch ein objektives und subjektives Moment. Einerseits „das Weltall", andererseits aber auch: „Das ist nun einmal seine Welt, in der er lebt."

Die Welt ist einerseits „an sich" da, entsteht aber andererseits erst durch das menschliche Bewußtsein.

Kamlah und Lorenzen drücken es folgendermaßen aus: „Die Welt ‚besteht' nicht aus Gegenständen (aus ‚Dingen an sich'), die erst nachträglich durch den Menschen benannt würden, ‚entsteht' aber auch nicht erst mit der Sprache zugleich. Somit ist die Welt in gar keinem Sinne die bloße Summe der Gegenstände. Sie ist aber auch nicht selbst ein Gegenstand, was ferner heißt: ‚Die Welt' ist kein Eigenname, obwohl sich dieses Wort ‚so anhört' (ähnlich nämlich wie ‚die Erde', ‚die Sonne'), sondern – ähnlich wie ‚Gegenstand' – ein Wort sui generis."

Eine bestimmte Rolle spielt der Begriff „Welt" in der Logik. „Welt" ist hier der Inbegriff von lauter Einzelsachverhalten, die in Aussagen wiedergegeben werden, etwa „Zweimal zwei ist vier", „Der Himmel ist blau". Nun spricht der Logiker von möglichen anderen Welten, in denen auch andere Sachverhalte gelten könnten, also etwa „Zweimal zwei ist fünf", „Der Himmel ist grün".

Wie diese Beispiele schon zeigen, macht der Logiker keine Unterscheidung zwischen → „apriorischen" und → „aposteriorischen" Aussagen. Auch eine a priori, das heißt durch die Anwendung der deduktiven Methode gesicherte Aussage, wie etwa auch über die Winkelsumme im Dreieck, ist in dieser Sicht gleichsam nur aposteriorisch, das heißt ein zufälliger Sachverhalt, der auch anders sein könnte.

Werturteil

(Wert, eigentlich ‚was sich gegen etwas wendet', ‚was einen Gegenwert hat', zu werden [eigentlich ‚sich zu etwas wenden']. Als wissenschaftlicher Terminus erst seit dem 19. Jh.; gr. Entsprechung: axía von áxios [eigentlich ‚aufwiegend'] ‚wert' zu ágō ‚führen, wiegen'; lat. Entsprechungen: pretium, dignitas, meritum)

Mathematik und Naturwissenschaften sind nach allgemeiner Auffassung „wertfrei", sie fällen keine „Werturteile". Mathematische Lehrsätze und durch → Induktion gefundene naturwissenschaftliche Aussagen sind offensichtlich unabhängig von der weltanschaulichen und politischen Einstellung des Wissenschaftlers.

Nach diesem Muster nun, meinen viele Wissenschaftler, ließen sich auch Wirtschafts- und Sozialwissenschaften „wertfrei" betreiben.

Dies ist in der Praxis unmöglich, denn (wie Jürgen Habermas es formuliert) der forschende Wissenschaftler gehört selbst der Gesellschaft an, innerhalb derer er forscht; er steht immer in einer sozialen Situation. Daher kann er die Gesellschaft nicht von außen betrachten, sondern nur als etwas, zu dem er selbst gehört und das die Art seines Betrachtens mitbestimmt.

Ein Volkswirtschaftler etwa kann so objektiv sein wollen wie nur möglich – er wird es gar nicht vermeiden können, entweder als „unternehmerfreundlich" oder als „gewerkschaftsfreundlich" zu gelten. Denn in bestimmten rein theoretischen Fragen muß er in irgend einer Weise eine Position beziehen, die zwangsläufig als Stellungnahme für die eine oder die andere Seite erscheint und aufgefaßt wird, auch wenn er selbst seine Aussagen als „rein wissenschaftlich" betrachtet. Aber zum Beispiel über das Problem des „gerechten Lohnes" kann man nicht „neutral", das heißt: wertfrei nachdenken.

Wissenschaftsgeschichte

Die Wissenschaft ist eine „Hervorbringung des Menschen". Wie für alle solche Hervorbringungen gilt, daß sie „geschichtlich" ist, das heißt, sich im Laufe der Geschichte wandelt. So wie es in der Kunst, der Musik und so fort immer wieder zu „Umbrüchen" kommt, die zu neuen „Stilen" führen – ebenso gibt es auch in der Wissenschaftsgeschichte Umbrüche oder „Revolutionen", die zu einem neuen Denken führen. Dies ist eine Feststellung, die sich aus den Voraussetzungen des historischen Bewußtseins (→ Geschichte; → Geschichtstheorie) von

selbst ergibt, also keineswegs eine Neuentdeckung des amerikanischen Physikhistorikers Thomas Kuhn ist, wie viele Leute
heute glauben (Kuhn selbst hat ausdrücklich bemerkt, daß er
seine These aus der Geschichtsschreibung anderer Gebiete, etwa der Kunst und Musik, entnommen habe).

Beispiele für solche „Umbrüche" in der Wissenschaftsgeschichte wären etwa das Kopernikanische System, die Neuent-
deckungen in der Chemie im 18. Jahrhundert, die nichteuklidi-
sche Geometrie, die Relativitätstheorie und so fort.

Dabei stellt sich jedoch ein Problem: Jedes Kunstwerk trägt
seine Wahrheit in sich. Daher kann Franz Marc blaue Pferde
malen, ohne danach zu fragen, ob sie in der Wirklichkeit existieren. Der Wissenschaftler hingegen ist immer an die Wahrheit seiner Aussagen gebunden. Auch bei einem „Umbruch"
kann nicht eine bisherige Wahrheit einfach durch eine neue
Wahrheit ersetzt werden. Es stellt sich vielmehr immer die
Frage, ob und wieweit nicht doch die alte Wahrheit auch in der
neuen Wahrheit erhalten bleibt (etwa als Unterfall – ein sehr
häufiger Sachverhalt), sie also nicht einfach „falsch" war. Beides ist also möglich: das Fortbestehen immer wahr gebliebenen
Wissens wie auch, im Gegenteil, die Überholung alten Wissens durch den Erkenntnisfortschritt.

Beispiele. Einerseits: Die euklidische Geometrie bleibt wahr
als *eine* mögliche Geometrie; die klassische Mechanik bleibt
wahr in einem bestimmten Bereich. Andererseits: Die heutige
Logik ist exakter formuliert und in diesem Sinne „wahrer" als
die Logik des Aristoteles oder der Scholastiker. Hier gibt es also keine historische Relativierung früherer Aussagen als „in
sich" auch „wahr".

Wissenschaftssoziologie

Unter Wissenschaftssoziologie versteht man die Betrachtung der
Wissenschaft unter soziologischen Gesichtspunkten. Die Wissenschaftssoziologie steht vor einem sonderbaren Dilemma.

Einerseits soll sie die überall sonst geltende gesellschaftliche
Bedingtheit von Sachverhalten auch im Wissenschaftsbetrieb
aufdecken, also zum Beispiel zeigen, daß die Beachtung der

Theorie eines Wissenschaftlers nicht nur von deren Sachgehalt abhängt, sondern auch von der Stellung des Autors in der Hochschulhierarchie: ob er Privatdozent oder Ordinarius ist. Oder daß bei Berufungen „Seilschaften" eine Rolle spielen – ganz wie im außerwissenschaftlichen Leben auch.

Andererseits darf sie aber die Subsumierung solcher Tatbestände unter allgemeinsoziologische Begriffe auch nicht zu weit treiben, also nicht die Wissenschaft nur noch als an sich nicht interessierenden, beliebigen Schauplatz der immer und überall gleichen Sozialstrukturen sehen. Die Wissenschaft bleibt immer ein Bereich mit ihren eigenen, besonderen Gegebenheiten. Und nur deshalb ist die Wissenschaftssoziologie ja überhaupt interessant – sie lebt gerade aus der Spannung zwischen der unverwechselbaren Besonderheit ihres Gegenstandes und den auch hier gegenwärtigen Gesetzen des „Allzumenschlichen"; andernfalls gäbe es ja keinen Unterschied zwischen der Wissenschaftssoziologie der Physik und der Betriebssoziologie von IBM oder Siemens. (→ Form/Inhalt)

Die Wissenschaft als Sozialgebilde ist durch einige Besonderheiten gekennzeichnet:

Der junge Wissenschaftler erwirbt seine Qualifikation *nicht* einfach, wie sonst überall, durch praktische Bewährung im „Betrieb" des Instituts: sei es als Studentenlehrer, sei es als Verwalter, was ihn dann allmählich in die höheren Ränge aufsteigen ließe. Sondern: Der Wissenschaftler muß vielmehr durch Veröffentlichungen auch überörtlich, in der „wissenschaftlichen Gemeinschaft" des Gesamtfaches bekannt werden; daher: „Publish or perish" – „veröffentlichen oder zugrunde gehen" lautet die Parole.

Wer nun aber meint, der Wissenschaftler brauche dann nur am Schreibtisch zu sitzen und Opus auf Opus aufs Papier zu werfen, der wäre wieder im Irrtum. Denn das Moment des persönlichen Umganges, das auf der Institutsebene gar keine Rolle spielte, kehrt nun auf höherer Ebene wieder: um bekannt zu werden, muß der junge Wissenschaftler Tagungen und Kongresse besuchen und seine Arbeiten persönlich vorstellen. Aber selbst hier würde es nicht genügen, als Privatgelehrter

herumzureisen, der zwar Bücher vorzuweisen hat und der darüber hinaus sogar persönlich allgemein bekannt ist – als dritte
Voraussetzung kommt hinzu, daß er als der Mitarbeiter eines
bestimmten Institutes oder Lehrstuhlinhabers auch „geogra-
phisch lokalisierbar" sein muß.

Hier werden die historischen Wurzeln des Wissenschaftlers
im Kleriker oder Beamten sichtbar: Zu einem richtigen Wissenschaftler gehört herkömmlicherweise ein festes Amt – und
zwar heute unabdingbar in der Hochschule oder einer anderen
Forschungsorganisation, also nicht nur als Feierabendwissen-
schaftler oder als finanziell unabhängiger Privatgelehrter. Wie
fixiert vor allem die amerikanische Wissenschaftssoziologie auf
diesen Zusammenhang ist, zeigt die Äußerung des Wissen-
schaftssoziologen Stephen Cole: Man finde heute kaum einen
Gregor Mendel, der in einem abgelegenen Kloster arbeitet;
heute seien die „Mendels" alle an einer Universität.

Daß demzufolge die Wissenschaft von Schulenbildungen
beherrscht ist, ist begreiflich, denn ohne Anlehnung an das
Denken einer Schule kommt man nicht weiter. Ein lonely
wolf, der sich alles selbst ausdenkt, ist verloren.

Wissenschaftstheorie

Das Wort „Wissenschaftstheorie" läßt völlig offen, wie die
→ Theorie, mit der man sich der Wissenschaft nähert, beschaffen ist, und ebenso, welche Inhaltsbereiche als Gegenstände
der „Wissenschaftstheorie" gelten sollen.

„Wissenschaftstheorie" bedeutet also „Theorie überhaupt
von der Wissenschaft überhaupt".

Diese scheinbar selbstverständliche Definition steht allerdings erst am Ende einer langen Entwicklung.

Geschichtlich gesehen ist die Wissenschaftstheorie derjenige
Teil der Philosophie, der sich mit der Grundlegung der wissenschaftlichen Erkenntnis beschäftigt. Der erste „Wissenschafts-
theoretiker" war daher Aristoteles, der in seinen logischen
Schriften und in der „Metaphysik" die noch heute gültigen
wissenschaftlichen Grundbegriffe (etwa „allgemein/besonder"
oder „Form/Inhalt") und Arbeitsverfahren (Schluß, Beweis,

Definition) geprägt hat und damit der Begründer der antik-
abendländischen Wissenschaft überhaupt wurde.

Hierdurch war aber bereits die Richtung vorgezeichnet, die
die Wissenschaftstheorie zunächst nehmen sollte: sie war ma-
thematisch-logisch-naturwissenschaftlich orientiert. So ist es
kein Zufall, daß sich die Wissenschaftstheorie zunächst im
19. Jahrhundert mit Namen wie Frege, Russell, Helmholtz und
Mach verknüpfte und im 20. Jahrhundert (jedenfalls im deutschen Sprachraum) mit denen von Carnap, Popper, Stegmüller
und Hans Albert.

Erst nach 1950 bildeten sich in der Bundesrepublik zwei
weitere Richtungen der „Wissenschaftstheorie" heraus: der
sich auf Frege, Dingler, Brouwer und Weyl stützende Konstruktivismus (Lorenzen) und eine erstmals nicht mathema-
tisch-naturwissenschaftliche Richtung: die neomarxistisch-
freudianisch geprägte kritische Theorie (Horkheimer, Adorno,
Habermas).

Hier wird deutlich: was „Wissenschaftstheorie" genannt wird,
ist in Wahrheit immer nur die Lehre bestimmter Schulen.

Von allen diesen Schulen aber wurde ignoriert, daß es seit
Beginn des 19. Jahrhunderts (mit Wurzeln im 17. und 18. Jahrhundert) eine geisteswissenschaftliche, historisch-philologische
„Wissenschaftstheorie" gibt, die mit so bedeutenden Namen
wie Boeckh, Ranke, Droysen, Dilthey und Nietzsche verknüpft ist.

Erst seit etwa vierzig Jahren ist diesbezüglich eine „Entdog-
matisierung" im Gange. Es mehren sich Veröffentlichungen,
die ganz unbefangen von der Grundbedeutung des Wortes
„Theorie aller Art über Wissenschaftsbereiche aller Art" ausgehen und somit *alle* Bereichsmethodiken (→ Methode) be-
handeln. Vor allem I. M. Bocheński leistete hier Pionierarbeit
mit seinem Büchlein „Die zeitgenössischen Denkmethoden".

Seitdem sollte es eigentlich nicht mehr möglich sein, den Begriff der „Wissenschaftstheorie" für eine bestimmte Schulrich-
tung in Anspruch zu nehmen. Aber angesichts der Neigung
der Wissenschaftler, sich mit bestimmten Schulen zu identifizieren, ist dies illusorisch.

Zeichen

Ein Zeichen ist ein raumzeitliches Gebilde und als solches losgelöst von einer bestimmten gegenwärtig stattfindenden
Handlung.

Ursprünglich jedoch ist jedes Zeichen aus einer solchen aktuellen Handlung entstanden, und zwar aus einer „Zeigehandlung". Ein Beispiel für eine Zeigehandlung ist das Ausstrecken des linken Armes durch einen Radfahrer, der links
abbiegen will. Eine solche Zeigehandlung kann zunächst ganz
spontan sein; trotzdem werden andere Menschen in der Lage
sein, sie richtig zu verstehen.

Nun kann man eine solche Zeigehandlung aber auch fest
vereinbaren. Dann ist sie zu einem Zeigehandlungsschema er-
starrt. Dieses Schema steht nun immer und überall bereit, um
verwendet zu werden.

Ein solches immer und überall verfügbares Zeigehandlungsschema nennen wir *Zeichen.*

Dieses Zeichen ist, als Handlungs-Schema, zunächst nur eine potentielle Handlung. Ich weiß, daß ich bei Bedarf den Arm
ausstrecken kann. Wenn ich jedoch den Arm wirklich aus-
strecke, weil ich abbiegen will, wird die potentielle zur aktuellen Handlung (→ Marke).

Literatur

Vorbemerkungen

Das Wörterbuch enthält keine Literaturangaben zu den einzelnen Stichwörtern.

Auf sie glaubte ich umso leichter verzichten zu können, als ich in der glücklichen Lage bin, dem Benutzer gleich zwei Sammlungen von Literaturmaterialien anbieten zu können, die ich selber bearbeitet habe: nämlich einerseits die Anmerkungen und Literaturverzeichnisse der ersten drei Bände der „Einführung in die Wissenschaftstheorie" und andererseits das allgemeine Literaturverzeichnis sowie die Literaturangaben zu den einzelnen Artikeln im „Handlexikon zur Wissenschaftstheorie", das ich zusammen mit Gerard RADNITZKY bei Ehrenwirth (Taschenbuchausgabe jetzt im Deutschen Taschenbuch Verlag) herausgegeben habe.

Im übrigen darf ich vor allem auf die großen mehrbändigen Lexika von MITTELSTRASS und von RITTER hinweisen.

Diese vier Titel werden (auch) im Teil A des Literaturverzeichnisses genannt. Natürlich enthalten auch viele der im Teil C aufgeführten Lexika Literaturangaben.

Von systematischen Einführungen in die Philosophie bzw. Wissenschaftstheorie seien im Teil B nur zwei, dafür umso gewichtigere, genannt: die Schriften von Nicolai HARTMANN und von KAMLAH/LORENZEN.

Auf der anderen Seite reizte es mich, dem Leser die in unserem zu Ende gehenden Jahrhundert geleistete lexikalische Arbeit in Philosophie und Wissenschaftstheorie vorzuführen, und zwar auch im Gedanken daran, daß der Leser vielleicht die Behandlung eines bestimmten Stichwortes in verschiedenen ihn interessierenden Wörterbüchern nachschlagen möchte.

Dem Inhalt unseres eigenen Wörterbuches entsprechend, habe ich ausschließlich Lexika genannt, die entweder nur Sachartikel oder aber Personen- und Sachartikel enthalten – dagegen keine reinen Personenlexika.

Wichtige Titel habe ich mit einem Stern (*) gekennzeichnet, besonders wichtige Titel mit zwei Sternen (**). Diese Kennzeichnung bezieht sich nur auf die aktuelle Brauchbarkeit des betreffenden Titels. Ein fehlender Stern sagt also nichts über den objektiven Wert eines Lexikons aus – das gilt etwa für die Werke von MAUTHNER oder EISLER.

Zur alphabetischen Einordnung der Titel möchte ich noch bemerken: In den letzten Jahren hat man bei den Katalogisierungsregeln immer stärker den Sachtitel gegenüber dem bzw. den Verfassernamen in den Vordergrund gestellt. Ich halte das für keine gute Entwicklung, da Personennamen ungleich farbiger und daher zur Einordnung und Identifikation eines Titels viel geeigneter sind. Dies gilt besonders für unseren Titelbestand. Wollte man ihn nach Sachtiteln ordnen, so würde sich eine verwirrende Häufung bei Ordnungswörtern wie Dictionary, Enzyklopädie, Lexikon, Philosophisch, Wörterbuch und so fort ergeben, während ein Autoren- oder Herausgebername den Titel unverwechselbar macht – auch wenn seine Nennung als Ordnungswort vielleicht nicht immer den heutigen Regeln entspricht.

Abkürzungen

Arg	Argument Verlag, Berlin	G	Göttingen
B	Berlin	H	Hamburg
Ba	Basel	Ha	Hannover
Bd	Band	Hg, hg	Herausgeber, herausgegeben
BI	Bibliographisches Institut		
BI Ht	Bibliogr. Inst., Hochschultaschenbücher	H&R	Harper & Row
		Ht	Hochschultaschenbücher
BI W	Bibliogr. Inst., B. I.-Wissenschaftsverlag	Kl-C	Klett-Cotta
BsR	Beck'sche Reihe	KTA	Kröners Taschenausgabe
Ca	Cambridge	L	London
Cal	California	Lp	Leipzig
CUP	Cambridge University Press	M	München
		Mh	Mannheim
		Mm	Macmillan
dGr	de Gruyter	NJ	New Jersey
Dst	Darmstadt	NY	New York
dtv	Deutscher Taschenbuch Verlag		
dtvW	dtv Wissenschaft	Op	Opladen
		Osb	Osnabrück
		OUP	Oxford University Press
Ed	Editor, Edition	Ox	Oxford
F	Frankfurt am Main	P	Press
Fb	Freiburg im Breisgau	PH	Prentice Hall
FiT	Fischer Taschenbuch Verlag		
		Rb	Reinbek
FL	Fischer Lexikon	r(d)e	rowohlts (deutsche) enzyklopädie
FP	Free Press		

Ref	Reference	UP	University Press
rhb	rororo handbuch	UTB	Uni-Taschenbücher
Ro	Rowohlt		
		Vol	Volume
S	Stuttgart	V&R	Vandenhoeck &
Sda	Sonderausgabe		Ruprecht
SG	Sammlung Göschen		
S&S	Simon & Schuster	W	Wien
Su	Suhrkamp	WB	Wissenschaftliche Buch-
			gesellschaft
TA	Taschenbuch-Ausgabe	WV	Westdeutscher Verlag

M': München *und andere Verlags-*
orte

Ziffer hochgestellt vor Jahreszahl: Auflagenzählung

Literaturverzeichnis

A. Für Literaturmaterial zu den einzelnen Stichwörtern vor allem zu empfehlen:

SEIFFERT, Helmut: Einführung in die Wissenschaftstheorie. Erster Band. Sprachanalyse, Deduktion, Induktion in Natur- und Sozialwissenschaften. 12., durchges. Aufl. [3. Aufl. der Neubearb.] M: Beck (1969) (1983) 1996. 278 S. (BsR 60)

SEIFFERT, Helmut: Einführung in die Wissenschaftstheorie. Zweiter Band. Geisteswissenschaftl. Methoden: Phänomenologie, Hermeneutik und hist. Methode, Dialektik. 10., durchges. Aufl. [3. Aufl. der Neubearb.] M: Beck (1970) (1983) 1996. 368 S. (BsR 61)

SEIFFERT, Helmut: Einführung in die Wissenschaftstheorie. Dritter Band. Handlungstheorie, Modallogik, Ethik, Systemtheorie. Literatur zu den Bänden 1–3. 2., überarb. Aufl. M: Beck (1985) 1992. 233 S. (BsR 270)

SEIFFERT, Helmut; RADNITZKY, Gerard (Hg): Handlexikon zur Wissenschaftstheorie. M: Ehrenwirth 1989. 31*, 502 S. – TA. 2. Aufl. M: dtv 1994 (1992). 31*, 502 S. (dtv W 4586)

MITTELSTRASS, Jürgen (Hg) in Verbindung mit Gereon WOLTERS [ab Bd 3: Martin CARRIER und G.W.]: Enzyklopädie Philosophie und Wissenschaftstheorie. Unter ständ. Mitwirkung von . . . . Bd 1–4. Mh': BIW; ab Bd 3: S': Metzler 1980–1996.

RITTER, Joachim [ab Bd 4: und Karlfried GRÜNDER] (Hg): Historisches Wörterbuch der Philosophie. Unter Mitw. von . . . Fachgelehrten. In

Verbindung mit ... Völlig neubearb. Ausg. des „Wörterbuchs der philosophischen Begriffe" von Rudolf Eisler. Bisher Bd 1–9. Ba, S: Schwabe 1971 –.

B. Zwei grundlegende Einführungen in Philosophie und Wissenschaftstheorie

Hartmann, Nicolai: Einführung in die Philosophie. Überarb., vom Verf. genehmigte Nachschr. d. Vorlesg. im Sommersemester 1949 in Göttingen. Hg und bearb. v. Karl Auerbach. 2. Aufl. Osb: Carl Prelle (1949) 1952. 214 S. – 5. Aufl. Hannover: Luise Hanckel o.J. [etwa 1965.] 213 S. [mit Abschnittsüberschriften nunmehr auch im Text]

Kamlah, Wilhelm; Lorenzen, Paul: Logische Propädeutik. Vorschule des vernünftigen Redens. 2., verbess. u. erw. Aufl. Mh': BIW (1967) 1973. 239 S. (BI Ht 227) – Unv. Nachdr. 1990.

C. Enzyklopädien, Lexika und Wörterbücher zu Philosophie und Wissenschaftstheorie

*Adorno, Theodor W.: Philosophische Terminologie. Zur Einleitung. Bd 1–2. F: Su. (stw 23; 50) – Bd 1. 1973 u. ö. 229 S. (stw 23) – Bd 2. 1974 u. ö. 327 S. (stw 50)

Angeles, Peter A.: A Dictionary of Philosophy. L': H&R 1981. IX, 326 S.

Angeles, Peter A.: The Harper Collins Dictionary of Philosophy. 2. Ed. NY: Harper Perennial (A Division of Harper Collins Publishers) 1992. VII, 343 S.

Apel, Max; Ludz, Peter: Philosophisches Wörterbuch. 6. Aufl. B': dGr (1930) (1958) 1976. 315 S. (SG 2202)

**Audi, Robert (General Ed): The Cambridge Dictionary of Philosophy. Ca: CUP 1995. XXVIII, 882 S.

Austeda, Franz: Lexikon der Philosophie. 6., völlig neubearb. Aufl. W: Hollinek 1989. X, 409 S.

Becker, Lawrence C. (Ed); Becker, Charlotte B. (Assoc. Ed): Encyclopedia of Ethics. Vol 1–2. NY, L: Garland 1992. – Vol 1. A–K. XXXIV, 682 S. – Vol 2. L–Index. [III S.,] S. 683–1462.

*Braun, Edmund: Rademacher Hans (Hg): Wissenschaftstheoretisches Lexikon. Graz': Styria 1978. 713 S. bzw. Sp.

*Brugger, Walter (Hg): Philosophisches Wörterbuch. Unter Mitw. der Professoren ... . Fortgef. von Josef Schmidt. Sda. 21., nach der neubearb. 14. durchges. Aufl. Fb': Herder (1966) (1976) 1992. XLII, 592 S.

**Brunner, Otto; Conze, Werner; Koselleck, Reinhart (Hg): Geschichtliche Grundbegriffe. Historisches Lexikon zur politisch-sozialen

Sprache in Deutschland. Bd 1–7. S: Kl-C 1972–1992. – Bd 1. A–D. 1972. Nachdr. 1979. XXVII, 948 S. – Bd 2. E–G. 1975. Nachdr. 1979. XII, 1082 S. – Bd 3. H–Me. 1982, XII, 1128 S. – Bd 4. Mi–Pre. 1978. XII, 927 S. – Bd 5. Pro-Soz. 1984. XV, 1032 S. – Bd 6. St-Vert. 1990. XV, 954 S. – Bd 7. Verw–Z. 1992. XVI, 774 S.

BUHR, Manfred: KOSING, Alfred: Kleines Wörterbuch der marxistisch-leninistischen Philosophie. 4., überarb. Aufl. B: Dietz (1966) 1979. Lizenzausg. Op: WV 1979. 385 S.

BURKHARDT, Hans; SMITH, Barry (Eds): Handbook of Metaphysics and Ontology. . . . Vol 1–2. M': Philosophia 1991. (Analytica. Investigations in Logic, Ontology, and the Philosophy of Language.) – Vol 1. A–K. XXIII, 433 S. – Vol 2. L–Z. S. 435–1005.

CLAUBERG, K. W.; DUBISLAV, Walter: Systematisches Wörterbuch der Philosophie. Lp: Meiner 1923. VII, 565 S.

CRAIG, Edward (Ed): Routledge Encyclopedia of Philosophy. Vol 1–10. [In Vorber.] L: Routledge 1998.

*DELF, Hanna . . . [u. a.]: Jugendlexikon Philosophie. Geschichte, Begriffe und Probleme der Philosophie. Rb: Ro 1988. [XI,] 308 S. (rhb 6310)

*DIEMER, Alwin; FRENZEL, Ivo (Hg): Philosophie. ([Erstausg.] 1958.) Neuausg. F: FiT 1967 u. ö. (FL 11)

**EDWARDS, Paul (Ed in Chief): The Encyclopedia of Philosophy. Vol 1–8. NY: Macmillan + Free Press; L: Collier Macmillan 1967. [Großformat 2sp.; je etwa 500 S.] – Supplement. NY: Mm Ref USA; S&S Mm; L: S&S + PH Internat. 1996. XXXII, 775 S.

EISLER, Rudolf: Wörterbuch der philosophischen Begriffe. Historisch-quellenmäßig bearb. Hg unter Mitw. der Kantgesellschaft. 4. völlig neubearb. Aufl. (1900) (^{3}1910–) Bd 1–3. B: Mittler.– Bd 1. A–K. 1927. VIII, 893 S. – Bd 2. L–Sch. Weitergeführt und vollendet durch Karl RORETZ. 1929. [VII,] 780 S. – Bd 3. Sci–Z. Weitergeführt und vollendet durch Karl RORETZ. 1930. [V,] 906 S.

EISLER, Rudolf: Eislers Handwörterbuch der Philosophie. 2. Aufl. Neuhg v. Richard MÜLLER-FREIENFELS. B: Mittler (1913) 1922. VIII, 785 S.

*FLEW, Antony: A Dictionary of Philosophy. L: Pan Books in Assoc. with The Mm Press 1979. XIII, 351 S. (Pan Ref Books)

HALDER, Alois; MÜLLER, Max: Philosophisches Wörterbuch. Erw. Neuausg. . . . 2. Aufl. [der Neuausg.] Fb': Herder (1958) (1988) (Neuausg. 1993) 1996. 401 S. (Herder Spektrum 4151)

HAUG, Wolfgang Fritz (Hg): Historisch-kritisches Wörterbuch des Marxismus. Unter Mitw. v. . . . . Bd 1 –. B: Arg 1994-. – Bd 1. Abb–Ava. 1994. VI S., 808 Sp., 17 S. – Bd 2. Ban-Dum. 1995. II S., 882 Sp., 32 S.

*HÖFFE, Otfried (Hg) in Zus'arb. mit Maximilian FORSCHNER, Alfred SCHÖPF und Hermann VOSSENKUHL: Lexikon der Ethik. 4., neubearb. Aufl. M: Beck (1977) 1992. 332 S. (BsR 152)

HÖNIGSWALD, Richard; PACHNICKE, E. (Hg): Wörterbuch der Philosophie. G: V&R 1985.

Hörz, Herbert ...[u.a.] (Hg): Philosophie und Naturwissenschaften. Wörterbuch zu den philosophischen Fragen der Naturwissenschaften. Neuausg. Überarb. v. Heinz Liebscher. Bd 1–2. B: Dietz (1978) 1991. – Bd 1. Abb–Myst. 631 S. – Bd 2. Nah–Zyk. S. 632–1120.

**Hoffmeister, Johannes (Hg): Wörterbuch der philosophischen Begriffe. 2. Aufl. H: Meiner (1944) 1955. VIII, 687 S. (PhB 225) – Sda 1988.

**Honderich, Ted (Ed): The Oxford Companion to Philosophy. Ox: OUP 1995. XIX, 1010 S.

**Hügli, Anton; Lübcke, Poul (Hg): Philosophielexikon. Personen und Begriffe der abendländischen Philosophie von der Antike bis zur Gegenwart. Rb: Ro 1991. 646 S. – TA. Vollst. überarb. u. erw. Neuausg. 1997. 703 S. (re 453)

Klaus, Georg; Buhr, Manfred (Hg): Philosophisches Wörterbuch. Bd 1–2. 7., bericht. Aufl. Lp: VEB BI 1970. – Bd 1. A–Kond. 592 S. – Bd 2. Konf–Z. [VI S.,] S. 593–1221.

Kosing, Alfred: Wörterbuch der Philosophie. B (West): deb (verl. das europäische buch) 1985. (Gleichzeitig: Wörterbuch der marxistisch-leninistischen Philosophie. B: [Ost]: Dietz). 616 S. (eurobuch 22)

*Krings, Hermann; Baumgartner, Hans Michael; Wild, Christoph (Hg): Handbuch philosophischer Grundbegriffe. Bd 1–3. M: Kösel 1973–1974. – Bd 1. A–Ges. 1973. XI, 567 S. – Bd 2. Ges–Rel. 1973. VII S., S. 569–1231. – Bd 3. Rel–Z. 1974. IX S., S. 1233–1874. – Studienausg. Bd 1–6. *(Text- und seitengleich; Aufteilung jedes Bandes in 2 Bände)*

Mauthner, Fritz: Wörterbuch der Philosophie. Neue Beiträge zu einer Kritik der Sprache. 2., verm. Aufl. Bd 1–3. Lp: Meiner (1910) 1923–1924. – Bd 1. A–Goe. 1923. CXXX, 661 S. – Bd 2. Got–Qui. 1924. 586 S. – Bd 3. Rat–Zwe. 1924. 560 S.

*Meyers Kleines Lexikon Philosophie. Hg v. d. Redaktion f. Philosophie des BI. M. e. Einl. v. Kuno Lorenz. Auf der Grundlage des Schülerdudens „Die Philosophie". Mh': BI; Meyers Lexikonverl. 1987. 536 S. (Meyers Kleine Lexika)

**Mittelstrass, Jürgen (Hg) in Verbindung mit Gereon Wolters [ab Bd 3: Martin Carrier und G. W.]: Enzyklopädie Philosophie und Wissenschaftstheorie. Unter ständ. Mitwirkung von . . . . Bd 1–4 Mh': BIW; ab Bd 3: S: Metzler 1980–1996. – Bd 1. A–G. 1980. 835 S. – Bd 2. H–O. 1984. 1105 S. – Bd 3. P–So. 1995. 866 S. – Bd 4. Sp–Z. 1996. 872 S.

Neuhäusler, Anton: Grundbegriffe der philosophischen Sprache. 2., verb. Aufl. ... Begriffe viersprachig. M: Ehrenwirth 1967. 274 S. (Grundbegriffe der Fachsprachen)

**Prechtl, Peter; Burkard, Franz-Peter (Hg): Metzler Philosophie Lexikon. Begriffe und Definitionen. S: Metzler 1996. XIII, 593 S.

Reiner, Julius: Philosophisches Wörterbuch. Lp: Otto Tobies 1912. IV, 295 S.

**Ritter, Joachim [ab Bd 4: und Karlfried Gründer] (Hg): Historisches Wörterbuch der Philosophie. Unter Mitw. von ... Fachgelehrten. In

Verbindung mit . . . . Völlig neubearb. Ausg. des „Wörterbuchs der philosophischen Begriffe" von Rudolf Eisler. Bisher Bd 1–9. Ba, S: Schwabe 1971-. – Bd 1. A–C. 1971. XI S., 1036 Sp., [9 S.] – Bd 2. D–F. 1972 [V S.,] 1152 Sp., [9 S.] – Bd 3. G–H. 1974. [V S.,] 1272 Sp., [9 S.] – Bd 4. I–K. 1976. [V S.,] 1470 Sp., [9 S.] – Bd 5. L–Mn. 1980. VI S., 1448 Sp., [9 S.] – Bd 6. Mo–O. 1984. IX S., 1396 Sp., [11 S.] – Bd 7. P–Q. 1989. [VI S.,] 1842 Sp., [11 S.] – Bd 8. R–Sc. 1992. [VI S.,] 1520 Sp., [10 S] – Bd 9. Se–Sp. 1995. [VI S.,] 1558 Sp., [10 S.]

Roth, John K. (Consult. Ed): Ethics. Vol 1–3. Pasadena, Cal: Englewood Cliffs; NJ: Salem P 1994. (A Magill Book) (Ready Reference) – Vol 1. XVIII, 326, VIII S. – Vol 2. S. XIX–XXXII, 327–656, IX–XVI. – Vol 3. S. XXXIII–XLVI. 657–961, XVII-XLII.

Runes, Dagobert D. (Ed): Dictionary of Philosophy. NY: Philosophical Library 1983. 360 S.

Sandkühler, Hans Jörg (Hg): Europäische Enzyklopädie zu Philosophie und Wissenschaften. In Zus'arb. mit . . . . – Bd 1–4. H: Meiner 1990- . – Bd 1. A–E. 981 S. – Bd 2. F–K. 941 S. – Bd 3. L–Q. 995 S. – Bd 4. R–Z. 1021 S.

*Schmidt, Heinrich (Begründer): Philosophisches Wörterbuch. Neu bearb. v. Georgi Schischkoff. 22. Aufl. S: Kröner (1912) 1991. XI, 817 S. (KTA 13)

Seiffert, Helmut; Radnitzky, Gerard (Hg): Handlexikon zur Wissenschaftstheorie. M: Ehrenwirth 1989. 31*, 502 S. – TA. 2. Aufl. M: dtv 1994 (1992). 31*, 502 S. (dtv W 4586)

*Speck, Josef (Hg): Handbuch wissenschaftstheoretischer Begriffe. In Verbindung mit Karl Acham, Rudolf Haller, Lorenz Krüger u. Paul Weingartner. Bd 1–3. G: V&R 1980. (UTB 966–968) – Bd 1. A–F. XXX, 239 S. – Bd 2. G–Q. XX S., S. 243–530. – Bd 3. R–Z. XX S., S. 531–780.

Stockhammer, Morris: Philosophisches Wörterbuch. Essen: Magnus Verl. 1980. 408 S.

Ulfig, Alexander: Lexikon der philosophischen Begriffe. Eltville (Rh): Bechtermünz 1993. 503 S.

**Urmson, J. O. (Hg): The Concise Encyclopedia of Western Philosophy and Philosophers. NY: Hawthorne (1960) 1965. 431 S. *(Nicht zuletzt bemerkenswert durch hervorragende Philosophen-Porträtabbildungen)*

*de Vries, Josef: Grundbegriffe der Scholastik. 2., durchges. Aufl. Dst: WB (1980) 1983. XII, 120 S.

Einführung in die Philosophie

Helmut Seiffert
Einführung in die Wissenschaftstheorie
*Erster Band: Sprachanalyse, Deduktion, Induktion in
Natur- und Sozialwissenschaften*
12., durchgesehene Auflage. 1996. 278 Seiten. Paperback
Beck'sche Reihe Band 60

*Zweiter Band: Geisteswissenschaftliche Methoden:
Phänomenologie, Hermeneutik und historische Methode,
Dialektik*
10., durchgesehene Auflage. 1996. 368 Seiten. Paperback
Beck'sche Reihe Band 61

*Dritter Band: Handlungstheorie, Modallogik, Ethik,
Systemtheorie*
2., überarbeitete Auflage. 1992. 233 Seiten. Paperback
Beck'sche Reihe Band 270

Rafael Ferber
Philosophische Grundbegriffe
Eine Einführung
3., durchgesehene Auflage. 1995. 184 Seiten. Paperback
Beck'sche Reihe Band 1054

Wolfgang Röd
Der Weg der Philosophie
Von den Anfängen bis zum 20. Jahrhundert
Band 1: Altertum, Mittelalter, Renaissance
1994. 525 Seiten. Leinen
Band 2: 17. bis 20. Jahrhundert
1996. 637 Seiten. Leinen

Otfried Höffe
Aristoteles
1996. 315 Seiten mit 7 Abbildungen. Paperback
Beck'sche Reihe Band 535
Reihe „Denker"

Verlag C.H.Beck München